吴韵汐

著

世界藏微尘，流年殇锦瑟

李商隐诗传

北方联合出版传媒(集团)股份有限公司
万卷出版有限责任公司

ⓒ 吴韵汐 2024

图书在版编目（CIP）数据

世界藏微尘，流年殇锦瑟：李商隐诗传 / 吴韵汐著. — 沈阳：万卷出版有限责任公司，2024.2
（万卷·人物）
ISBN 978-7-5470-6384-2

Ⅰ. ①世… Ⅱ. ①吴… Ⅲ. ①李商隐（812—约858）—传记②李商隐（812—约858）—唐诗—诗歌欣赏 Ⅳ. ①K825.6②I207.227.42

中国国家版本馆CIP数据核字（2023）第201685号

出 品 人：王维良
出版发行：北方联合出版传媒（集团）股份有限公司
　　　　　万卷出版有限责任公司
　　　　　（地址：沈阳市和平区十一纬路29号　邮编：110003）
印 刷 者：辽宁新华印务有限公司
经 销 者：全国新华书店
幅面尺寸：145mm×210mm
字　　数：200千字
印　　张：8.5
出版时间：2024年2月第1版
印刷时间：2024年2月第1次印刷
责任编辑：朱婷婷
责任校对：张　莹
装帧设计：Amber Design 琥珀视觉
ISBN 978-7-5470-6384-2
定　　价：39.80元
联系电话：024-23284090
传　　真：024-23284448

常年法律顾问：王　伟　　版权所有　　侵权必究　　举报电话：024-23284090
如有印装质量问题，请与印刷厂联系。联系电话：024-31255233

目录

序言　1

第一章　初临尘世：渭水东西，半纪漂泊

商於朝雨霁，归路有秋光　3

扶床时仲姊殇红泪　6

五年读经书，七年弄笔砚　10

佣书贩春谋生计　13

第二章　翩翩少年：求仕问仙，才华初绽

古文出诸公　21

长吉，长吉　27

学道玉阳山　34

神秘女冠　39

第三章 江湖夜雨：纵遇伯乐，坎廪奈何

将军樽旁，一人衣白 47

柳枝井上蟠，莲叶浦中乾 62

忆君骑马出城外，送我习业南山阿 68

孤鸿向何处 74

艰难行卷路 86

第四章 政治旋涡：仕途困顿，幸得佳人

天子门生 97

死别 101

依依过村落，十室无一存 109

永忆江湖归白发 117

惟愿花叶常相映 125

第五章 红尘颠沛：生若蜉蝣，死生长恨

登科 133

却羡卞和双刖足 137

与陶进士书 142

移家长安 148

子欲养而亲不待 154

第六章 文墨生香：纸笔承泪，手写我心

将军大筛扫狂童 161

鬓入新年白，颜无旧日丹 167

衮师骄儿，美秀无匹 172

相别万里 176

第七章 宦海浮沉：白云苍狗，官场无常

天意怜幽草，人间重晚晴 183

「牛李党争」的夹缝 189

樊南甲集 194

江风扬浪，万里相逢 199

第八章 中年苦恨：知交零落，至爱永别

君问归期未有期 205

黄泉碧落，不复相见 210

梧桐半死，无心续弦 215

第九章 世界微尘：芥子须弥，红尘顿悟

被现实磨平的棱角 225

樊南乙集 230

愿打钟扫地，为清凉山行者 235

第十章 诗心不天：翰墨传世，涅槃永生

重过圣女祠 241

夕阳无限好，只是近黄昏 247

后记一：千秋不灭，万古岿然 256

后记二：义山辞 258

序　言

虚负凌云万丈才，一生襟抱未曾开

花落天涯，不知归去入谁家；沧海遗恨，明珠锦瑟作尘沙。

千余年的岁月倏然而过，在这漫长的历史岁月中，他曾遭受的颠沛流离、官场冷遇乃至时人白眼早已零落在尘埃里，而他留给世人的锦绣诗篇却代代相传。喜爱他、敬慕他的人，终是远远超过了那些厌憎他、诋毁他、伤害他的人。

尘埃落定后，时间会给一切故事以答案。

李商隐去世后，崔珏写的悼亡诗《哭李商隐》中有这样两句：虚负凌云万丈才，一生襟抱未曾开。窃以为，这是悼亡诗中最好的两句。他的万丈之才，在短暂的红尘岁月中始终不曾真正施展，这一生倥偬，终是付与说书人。

他曾少年意气，曾誓要为天地立心、为生民立命，然而命运弄人，曾经的梦想有多锦簇，后来的现实就有多荒凉。官场是个没有硝烟的战场，党派之争绝不逊色于两军阵前的血腥厮杀。李商隐娶了王茂元的小女儿，于是人们责怪他背叛牛党、投靠李党，认为此乃忘恩负义之举。在那个婚姻如拉拢结交工具的年代，会有几人相信爱情？时人不信，但义山信。于是那个二十多岁的年轻人义无反顾地选择了爱情，虽抱得美人归，却终生不得志。

　　他也曾修道、问佛，在宁静的教义里寻得一方澄明的天地。他颇为释然地说："世界微尘里，吾宁爱与憎？"然而真的能释怀吗？那些无故遭受的冷嘲热讽，那些刻意中伤的流言蜚语。想来，他心中定然是不甘的。

　　他在世的时候颠沛流离，去世后却被无数后来人推上诗歌的王座，人们爱他、敬他、崇拜他，一如他当年爱他人、敬他人、崇拜他人一样。"学而优则仕"终究只是那个年代因循守旧的观念，当文学脱离政治，李商隐，这个名字便如一颗熠熠生辉的明珠闪耀于世人眼前。

　　飘零梓州时，他曾感叹"定定住天涯，依依向物华"。透过千余年的岁月尘烟，我们仿若依然能看到那双清澈的眸子里流露出的对家乡的思念、对美好事物的向往。而他的一生，却也正像这两句诗一样，不停地流离颠沛，却始终不曾停止对美好生活的向往与追求。

　　命途坎廪，襟抱难开。生活的茧捆缚了他的手脚，而他却在诗歌的国度里化作翩翩彩蝶，伴着缱绻墨香翩跹于千山万水间，千秋万载，蝶舞依然。

第一章

初临尘世：渭水东西，半纪漂泊

商於朝雨霁，归路有秋光

　　唐代元和六年（811年，另有元和七年、八年之说）的某一天，获嘉县廨传出一阵嘹亮的婴儿啼哭声，稳婆报喜——夫人生了一位小少爷。获嘉县令李嗣大喜过望，李家一向人丁单薄，之前妻子诞育过三个孩子，可都是女儿。大女儿已经亡故，二女儿嫁到了河东裴家，虽然是名门望族，可对新妇却很是苛刻，姑娘嫁过去没几天，就莫名其妙地被遣送回娘家。一生的幸福，也就此葬送。三女儿虽然尚未及笄，但也快到婚嫁的年龄了，李嗣常常为两个女儿的终身大事而愁眉不展，又因没有儿子延续香火而忧虑不已。而今年过四旬得麟儿，李嗣不禁欣喜若狂。

　　纵观历史，此时的李家算是家道中落时期。李家祖上属陇西李氏，与李唐皇族乃是一脉，都是十六国时期陇西成纪人凉武昭王李暠的后人。李嗣的祖父李叔恒（一作李叔洪）十九岁高中进士，可惜二十九岁便英年早逝，做官也只做到安阳县令（正七品）。李嗣的父亲李俌的命运与李叔恒相似，也是政治仕途刚有起色时便病逝，做官只做到邢州录事参军（从七品）。李嗣很想振兴家族，奈何家族人丁不旺，仕途也只是不温不火的。

儿子的降生，给李嗣带来了莫大的鼓舞。他翻阅典籍，要为爱子取一个好听又寄寓无限期许的名字。经过千挑万选、重重考量，他最后为爱子取名"李商隐"。

名字来源于秦汉之际"商山四皓"的典故。秦始皇时期曾有七十名博士官，包括东园公唐秉、夏黄公崔广、绮里季吴实、甪里先生周术。秦朝灭亡后，四位老先生隐居商山（位于今陕西），汉高祖刘邦多次求访而不得。后来刘邦想要废掉太子刘盈（即后来的汉惠帝）改立刘如意（时为赵王，后被吕后毒死），刘盈得到"商山四皓"相助，才保住太子之位。

李商隐之字"义山"也是对名字来源的进一步证明。四位高义之士隐居于商山，不为刘邦效力，却能为太子所用，可见其懂得伺时而出的道理。李嗣为爱子取此名字，自是希望他能德才兼备，并得遇赏识他的伯乐，拥有通达的仕途。

幼年时的李商隐当是对此典故烂熟于心的。后来他不止一次在诗中化用"商山四皓"的典故，比如《商於》：

商於朝雨霁，归路有秋光。
背坞猿收果，投岩麝退香。
建瓴真得势，横戟岂能当。
割地张仪诈，谋身绮季长。
清渠州外月，黄叶庙前霜。
今日看云意，依依入帝乡。

这首诗应写于李商隐北归时期。时值秋季，朝雨初晴，山林间有猿猴和香獐，或许是听见了猿啼声，亦或许是看见猿猴摘了果子于林间跳跃，诗人行于此，不禁想到了这里自古为兵家必争之地。张仪为了实现其"连横策略"，曾欺骗楚怀王说只要他与齐国断绝盟约关系，便割六百里商於之地给他，待楚国与齐国断绝往来，张仪却只给楚国六里土地。进而又想到四位高义之士曾隐居于此，"谋身绮季长"即言绮里季吴实隐居于此得以保身。那时的李商隐已历经无数纷扰，世态炎凉、官场争斗皆令他心生厌倦。四皓庙前的台阶上有黄叶飘落，一小片细霜映着阳光愈显得剔透晶莹。已经靠近帝乡，他心中却莫名地生出对归隐的渴望。

这个满载希冀的名字，并没有给李商隐带来官场上的飞黄腾达。虽然也曾遇得伯乐，但终究难抵官场的倾轧。

刚刚为爱子取好名字的李嗣当然不会预料到小家伙后来的坎廪命运，更不会预料到他后来在中国诗坛上的重要地位。

获嘉县位于今天的河南，那是一个山水清幽且有着悠久历史的地方。此时大唐文坛上名家辈出，杨炯、卢照邻、白居易、韩愈等大诗人的作品已经誉满天下，李家也是书香世家，李商隐便在这书香墨韵的熏陶中成长着。从咿呀学语，到能背下整首的诗歌，从信手涂鸦，到能写下精致工整的方块字。他聪慧好学，家里人也都对他寄予厚望。

岁月缱绻，无忧无虑的孩提时代是最美好的时光。可幼年的李商隐太早便接触到了世间的苦寒，最无奈的生死离别与生活的颠沛飘零正在不远处等待着天真的他。

扶床时仲姊殇红泪

李商隐没有见过早已去世的长姐，对于被夫家遣回的二姐也没有太多记忆，那些故事大多是听母亲说的。二姐是个颇有才情的女子，性情温和，又潜心经史，女红针织更是不在话下。她十八岁出嫁到当时的名门望族裴家，丈夫裴允元的祖父曾官至侍中，虽然李家现在家道中落，但双方也算得门当户对。本以为这是一段美满姻缘，孰料夫家不允许她祭拜祖庙，新妇没有祭拜祖庙，相当于身份没有得到夫家承认。

被遣回娘家后，这位昔日温柔明朗的少女变得沉默寡言，经常独自垂泪。忧患催人老，夫家的态度令二小姐无地自容。她的精神日渐萎靡，身体也快速垮下去，还不到二十四岁，就香消玉殒了。

会昌四年（844年）的冬末春初之际，李商隐为二姐迁坟。那时距离二姐去世已经有三十多年了，李商隐在祭文中回忆道："灵沉绵之际，咀背之时，某初解扶床，犹能记面。"他请亲戚卢尚书为之撰写墓志，在《请卢尚书撰李氏仲姊河东裴氏夫人志文状》中描述二姐道："惟我仲姊，实渐清训，……仲姊生禀至性，幼挺柔范，潜心经史，尽妙织纴，钟曹礼法，刘谢文采。顾此兼美，自乎生知，而上天赋寿，不及二纪……"

　　彼时李商隐记忆中二姐的容貌已然模糊，但是她的秉性却依然令李商隐印象深刻。二姐去世的时候，李商隐应只有两岁多，对二姐的印象，应该大多都是来自家人的描述。白发人送黑发人的悲痛，定然是在李嗣夫妻俩心中铭刻了一生。或许有许多次，父母提起爱女时不禁潸然垂泪，他们一面赞许女儿的优秀，一面感叹命运的不公。于是成长的岁月里，一颗幼小的心过早地划上了一道无法抚平的疤。

　　在那篇状文中，李商隐还写到了二姐去世后的光景："既归逢病，未克入庙，实历周岁，奄归下泉。时先君子罢宰获嘉，将从他辟，遂寓殡于获嘉之东。"

　　那应该是李家最落魄的时期，女儿刚刚去世，李嗣的获嘉县令之职又即将任满。依据唐朝官制，县令每任三年，之后由吏部决定调迁事宜。此前，李嗣曾收到浙东观察使孟简的邀请，希望他能过去担任幕僚。对于大多数人而言，在两条路中做出选择，总要待两条路都很明朗时才好去选，但李嗣没有等到吏部的调迁文书，便决定离任去做孟简的幕僚了。或许是孟简提出的条件足够优厚，或许是孟简的人品足够让李嗣倾慕，抑或是早就明了吏部不会给他太好的任职，总之李嗣放弃了朝廷命官的身份，选择去浙东做一个幕僚。

　　李嗣本想把女儿的遗骨送回郑州荥阳的家族墓地下葬，但是受到种种因素的制约，他只能暂时将女儿安葬在获嘉，希望以后再将爱女遗骨迁回家族墓地。匆匆安葬了女儿后，李嗣带着一家人离开了获嘉，离开了这片生活多年的故土。

从此，年幼的李商隐也开始了漂泊之旅。

浙东观察使孟简的办公地点在越州，即今天的浙江绍兴一带。那是个钟灵毓秀的地方，有青山碧水，也有丰厚的历史文化底蕴。对于一个孩童而言，这样的环境犹如澄清的溪水，在他年幼而纯净的心上潺湲而过。他还不懂得生活的艰辛，对一切都充满好奇。

依据唐朝官制，节度使、观察使等大官有保举自己府上幕僚的权力，得到府主保举的幕僚是为"县衔"。拥有县衔的幕僚会有进一步升迁的机会，表现好的可以入朝为官，仕途前景与进士科出身的官员基本相同。唐代大官中，有很多人都曾有过做幕僚的经历。

做了一段时间幕僚后，李嗣得到府主孟简的保举，获得了从七品的殿中侍御史的县衔。也正因此，后来李商隐在文章中提到父亲时，经常以"殿中君"为尊称。

古代官员们官场为官，犹如今日的职场打拼。虽然升职与加薪相伴，但也离不开更多汗水的付出。在之后的岁月中，李嗣还做过浙西观察使的幕僚。虽然府主对他青睐有加，但终是寄人篱下，为他人作嫁衣裳。离家之初，年幼的李商隐对身边环境的变化带着满心的好奇，但是时间长了，生活的艰辛与漂泊的苦楚便冲淡了其天真的幻梦。

生活渐渐对年幼的李商隐露出真实的獠牙。在《祭裴氏姊文》中，李商隐回忆道："浙水东西，半纪漂泊。"一纪为十二年，"半纪"即六年。短短八个字里，写尽了多少不为人知的心酸与无奈。成年后的李商隐为了生活磨去年少的棱角，甚至不得不做一些违心的事情、写一些违心的诗文，对此，责备者有之，谩骂者有之，理解者寥寥，心疼者似乎从未有过。若跟着李商隐的人生轨迹走一遍，其实他的许多选择，正是源于年少的经历。他过早地触及了生活的本质，他想圆滑一些，奈何本性并非如此，所以即便努力做了一些看似圆滑的事，也总是不尽如人意。

五年读经书，七年弄笔砚

　　古往今来，有数不尽的成功者用行动验证了"知识改变命运"的真理，因此人们认为"万般皆下品，惟有读书高"。古人读书，讲求修身、齐家、治国、平天下，像李家这样的书香世家，更是非常看重读书。因此即便生活困顿，李嗣也从未耽误对孩子的教诲。

　　年幼的李商隐非常聪明，对各种学问似乎有着天生的渴求。成年后的李商隐在《上崔华州书》中提到自己年少时的读书经历："五年读经书，七年弄笔砚。"由此可见李商隐开蒙之早，这必然离不开父亲李嗣对孩子读书的重视。对这个儿子，李嗣是寄予厚望的，看着聪明伶俐的小家伙日渐精进，做父亲的必然倍感欣慰。

　　振兴家族最好的方式，便是读书入仕。李嗣虽然也做了官，但仕途始终不温不火，已经是不惑之年，依然只是个幕僚。何时才能振兴家族？他不知道，但是看着李商隐，他看到了希望，看到了属于李家的光明未来。

　　李商隐也深知父亲的厚望，读书刻苦，又乖巧懂事。长大后的李商隐曾写过一首《少年》：

外戚平羌第一功，生年二十有重封。
直登宣室蝤头上，横过甘泉豹尾中。
别馆觉来云雨梦，后门归去蕙兰丛。
灞陵夜猎随田窦，不识寒郊自转蓬。

诗中的少年凭借自己皇亲国戚的高贵出身，没有任何血汗的付出便拥有了享不尽的荣华富贵与普通人不可企及的高贵地位，终日过着骄奢淫逸、纸醉金迷的生活，完全体会不到那些出身寒微的读书人的艰辛。

写下此诗时，李商隐心中定然是愤懑的。有的人凭借着高贵的出身，便可以不劳而获，而有的人拼尽全力，却依然无法改变自己悲苦的命运。

不过，在努力改变命运的过程中是看不到结果的，所以即便最后是失望甚至绝望的，在逐梦的过程中总会怀着无限希望与憧憬。这个过程，也不失为一种美好。

或许他也曾羡慕那些无忧无虑的纨绔子弟，但是他明白，一步一个脚印走出来的才是最有意义的人生。幼年的李商隐努力汲取着书本中的营养，用书香墨韵铺陈最初的人生。振兴家族的希望落在了他稚嫩的双肩上，他知道，他要像父亲一样成为饱学之士，快些长大，好为父亲分担振兴家族的重任。

命运的变故总是毫无征兆。李嗣一心振兴家业，希望能为最爱的家人营造一个温暖的避风港，然而却越来越力不从心。大概是"渐水东西，半纪漂泊"的劳累，他终于病倒在幕僚任上，没过多久，便撒手人寰。

李嗣是一家的顶梁柱，他的溘然长逝，给一家人带来了严酷的打击。这一年的李商隐刚刚十岁，他作为家里长子，从此后便要接替父亲，成为家里的栋梁与希望。

　　在李商隐之下，还有一个弟弟和一个妹妹。此时弟妹更是年幼，父亲去世，作为哥哥的李商隐似乎一夜之间便长成了大人。面对这种困境，他们只能回到家乡郑州荥阳去。

　　没有人知道那个小小少年在扶柩回乡时是怎样悲痛与迷茫，在《祭裴氏姊文》中，我们能感知一二："某年方就傅，家难旋臻。躬奉板舆，以引丹旐。四海无可归之地，九族无可倚之亲。既衬故邱，便同逋骇。生人穷困，闻见所无。及衣裳外除，旨甘是急。"

　　一路凄风苦雨，李商隐和母亲、弟弟、妹妹艰难地回到了家乡。

　　然而家乡也并非温暖的避风港，"四海无可归之地，九族无可倚之亲"的困境令他们茫然无措。那种绝望深深地烙印在年少的李商隐心中，多年以后回想起来，依然历历在目。可生活还要继续，李商隐像个大人一样与母亲商量对策。生活的责难，让这个小小少年过早地成长、成熟起来。

佣书贩舂谋生计

如果触到了生活中最深的低谷，那么下一步总会有向上的希望。经过一番筹谋，他们终于找到了谋生的途径——"乃占数东甸，佣书贩舂。日就月将，渐立门构，清白之训，幸无辱焉"。

所幸，祖父李俌在这里留下了一些根基。在服丧期满后，李商隐开始为别人抄写文书来维持生计。他写得一手漂亮的字，抄写文书还能算上一份体面的工作。但光靠这份收入是无法维持家人温饱的，最后，他放下尊严为人舂米，和那些贩夫走卒们一样用体力劳动来换取存活的资本。

读书人总有一份清高和傲骨，然而在生存面前，所有的骄傲都化作了空虚的云烟。好在经过一番不懈的努力，李家终于"渐立门构"，若是李嗣泉下有知，应该也会为爱子的牢记家训、不辱门楣而欣慰吧。

在那个年代，科举入仕是读书人唯一的出路。要想真正地振兴门楣，李商隐当然是要像父亲一样进入官场。在李商隐家族中有一位饱读诗书的堂叔，在家族中，这位堂叔属于"处士房"，其人又是个不折不扣的处士，明明满腹经纶，却不肯出仕为官，其名字不详，李商隐称他为"处士叔"，我们姑且称他为"李处士"。

李处士的父亲曾做过官，但是仅至从七品的郊社令。李处士自幼熟读四书五经，还曾进过京师的太学。就在他前程大好之时，父亲忽然病重，只能回家乡休养，李处士便从太学退了学，回家侍奉父亲。李处士心性纯孝，父亲在他的精心照料下，身体好了许多。他依然侍奉着父亲，这一侍奉，就是二十多年。父亲去世后，他已经从一个风华正茂的青年人成为一个鬓发微白的中年人。对于科举仕途，他早已不放在心上。多年来隐居故乡，他一面侍奉父亲，一面潜心治学。父亲去世后，他便在父亲坟墓旁建了一间草庐守丧。其间，他依然攻读经书，学问愈发精进。守丧期满后，很多人劝他科举入仕，但他已经决定做一个终身的处士，对于他人的劝说，也只是一笑置之。

李处士的学问究竟有多深？千年已逝，我们只能从一些历史的吉光片羽里去考证。

首先，李处士是一位致力于经学研究的学者。

对于四书五经，他有自己的理解与体悟，前人的注解也难免有不当之处，一旦发现，他便另外记录下来。日积月累，他所作的注解已经成为一部学术专著了，但是他的研究成果却不肯轻易示人，只有最亲近的本家子弟才有机会看到一二。李商隐求学于李处士后，幸运地看到了那些作品，这也对李商隐的学识产生了重要影响。

第二，李处士是一位诗人。

其实李处士不仅仅是一位诗人，更是一位辞赋家。他喜欢写诗,喜欢写辞赋文章。他的作品里洋溢着浓浓的儒家正统思想,遣词用句颇为深奥,风格醇厚。李商隐评价说:"注撰之暇,联为赋论歌诗数百首,莫不鼓吹经实,根本化源,味醇道正,词古义奥。"

第三,李处士是一位文字学家和书法家。

李处士书法造诣深厚,不仅精通楷书和行草,还精通石鼓篆,李商隐说他"小学通石鼓篆,与钟、蔡八分,正楷散隶,咸造其妙"。石鼓篆是一种古老的文字,乃为唐代出土的秦代篆书,集大篆之成,开小篆之先河,在书法史上有着重要的地位。李处士热爱书法,但是绝不沽名钓誉,甚至不愿意别人拿到自己的手稿。根据李商隐记载,李处士为了不让自己的手稿落入他人之手,"与人书疏往复,未尝下笔,悉皆口占"。

但是生活中总免不了要亲自写写字,不能总是假他人之手。有一次,李处士为已故的父亲追福,亲笔写下佛经并刻之于石。本以为悄悄立块碑,不会引起别人的注意,但没想到,石碑刚立,便有人注意到了,并找了拓印材料拓去了。之后一传十、十传百,很多人都争先恐后地跑来拓印。李处士知道后,立即驾车前往,将那块石碑装到车上,远远地送到了一个佛寺里,与很多佛经刻石混在一起,令人无法分辨。

第四,李处士是一位清高的隐者。

如果说最初归隐是为父亲侍疾,那么后来不肯出仕,则完全是出于本心了。李处士性情清高,甚至颇有阮籍那样的轻狂倨傲。根据李商隐记述,有一次李处士外出路过徐州,当时的徐州刺史、武宁军节度使王智兴早就听说过他,于是赶紧派人去邀请,想要聘任他做自己的幕僚。李处士受邀前来,对于王智兴的聘请当场回绝,他表示:"从公非难,但事人匪易。"也就是说,在他看来,做官入仕并不难,让他感到为难的是"事人",他不愿意做一个任人差遣的人,行于山水间,一切都遵从本心,岂不自在?

这样直截了当地回绝王智兴的聘请,也是需要勇气的。王智兴是个骄横跋扈之人,很少有人敢这样违逆他的意愿,更何况此时的王智兴还难得地摆出了礼贤下士的姿态。李处士大概在心底里对王智兴这样的人是颇为鄙夷的,所以才如此直接地说"从公非难,但事人匪易"。

李处士学识渊博,性情又清高,在成为少年李商隐的老师后,自然会对李商隐的方方面面有极大影响。与李商隐一同向李处士学习的,还有他的弟弟李羲叟和堂弟李宣岳。李商隐自幼聪慧,之前父亲的教诲已经打下了良好的基础,又在这个关键时期得遇良师,学问日益精进,甚至性情里也颇有些李处士的清高作风。

李处士是个传统而又开明的大儒,他不慕名利,不恋世俗,对待向他求学的子弟总是温和又不失严厉。他能写一手俊逸典雅的古文,但绝不以此沽名钓誉。他教授弟子们知识,但绝不禁锢他们的思想。

有一次,李处士在课上提到元结。在唐代,韩愈、柳宗元所倡导的古文运动曾轰动一时,而元结正是古文运动的先驱。李处士认为学道必求古、为文必有师法,元结为人诟病,是因为他没有做到"师法"。大家都听着老师高谈阔论,纵然心中有不同意见,也不敢贸然讲出,唯有李商隐站起来反驳了一番。他认为，如果所有人都求古、师法，那么老师们又如何创新？这个小小少年侃侃而谈，眉宇间初见轩昂之气。李处士微笑着听他谈论，不仅没有因为学生不同意自己的观点而愤怒，反而满心满眼里都是欣赏和嘉许。

便是这样一段美妙的缘分，奠定了李商隐一生的才气与性情。

岁月流逝，李商隐没有辜负父亲的期许，渐渐长成了李家新的希望。这个少年眉宇间带着青涩的骄傲，举手投足间尽显浓浓的书卷气。诗歌国度的传奇，正冉冉铺展。

第二章

翩翩少年：求仕问仙，才华初绽

古文出诸公

"樊南生十六能著《才论》《圣论》,以古文出诸公间。"

这是李商隐的自评。"樊南生"为李商隐自取的号,"樊南"为唐朝京城长安南郊的樊川一带,后来李商隐曾在那里居住,故有此号。跟随李处士学习后,李商隐学问日渐精进,渐渐能写一手漂亮的古体文章。《才论》《圣论》是李商隐年少时的两篇得意之作,但遗憾的是,这两篇文章已经失传。

很多人都知道李商隐的律诗非常精彩,却不知道李商隐还很擅长写古体文。虽然《才论》《圣论》已经失传,但是从他其他流传下来的古体文中能够想象《才论》《圣论》的文采,如论文《断非圣人事》和《让非贤人事》。从名字上看,这两篇文章与《圣论》《才论》应有一定的相似之处,"圣""贤""才"等字眼也能隐隐看到李处士的影子。

《断非圣人事》与《让非贤人事》两篇文章的写作时间不详,但根据题目与内容推测,大概与《才论》《圣论》属于同一时期,两篇都是只有两百来字的短论文,内容如下:

断非圣人事

尧去子，舜亦去子，周公去弟，后世人以为能断，此绝不知圣人事者。断之为义，疑而后定者也。圣人所行无疑，又安用断？圣人持天下以道，民不得知；圣人理天下以仁义，民不得知。害去其身，未仁也；害去其家，未仁也；害去其国，亦未仁也；害去其天下，亦未仁也；害去其后世，然后仁也。宜而行之谓之义，子不肖去子，弟不顺去弟，家国天下后世，皆蒙利去害矣。不去则反宜。然而为之，尧舜周公未尝疑，又安用断？故曰断非圣人事。

让非贤人事

世以为能让其国，能让其天下者为贤。此绝不知贤人事者。能让其国，能让其天下，是不苟取者耳。汤故时非无臣也，然其卒佐汤，有升陑之役，鸣条之战，竟何人哉？非伊尹不可也。武故时非无臣也，然其卒佐武，有牧野之誓，白旗之悬，果何人哉？非太公望不可也。苟伊尹之让汝鸠、仲虺，太公望之让太颠、闳夭，则商、周之命其集乎？故伊尹之丑夏复归，太公望之发扬蹈厉。当此时，虽百汝鸠、百仲虺，伊尹不让也；百太颠、百闳夭，太公望亦不让也。故曰让非贤人事。

宋代姚铉在编选《唐文萃》时将这两篇文章收录其中，清朝编选的《全唐文》也有收录。

在《断非圣人事》中，李商隐开篇大致这样讲："尧不传位给儿子,而是将君位禅让给了舜;舜也不传位给儿子,并把君位禅让给了禹。周公杀了管叔、流放了蔡叔(两人发动叛乱),后世人认为他们能够做出决断,这样认为的是不知晓圣人之事的。"他通过尧舜禅让与周公诛杀弟弟管叔、流放弟弟蔡叔的典故来引出绝大多数都认可的"圣人能断"的观点,进而展开论述。他认为,"所谓决断,是先有疑惑并做出决断,而圣人做事时并没有疑惑过,所以他们又怎么需要决断呢?"在他看来,圣人的一切行事都是以仁义为根本的,所行无疑,自然无须用"断"。

那么,什么才是"仁"呢?"为自身除害,这不算仁;为国除害,这不算仁;为天下除害,这也不算仁;为后世的千秋万代除害,这样才算是真正的仁。"

什么是"义"呢?"应该去做的便当仁不让地去做才是义,儿子品行不端便舍弃儿子,弟弟发动叛乱便舍弃弟弟,家国天下乃至后世都因其除害而受益。"

经过这样的论说后,文章的结尾顺理成章地得出"断,非圣人事"的结论。

《让非贤人事》的论说结构与《断非圣人事》大体相同。在文章开篇,作者依然先反驳了大众所认可的观点:"世人都认为能够让出国家天下的是贤人,这正是不知道何为贤人。能够让出国家天下,是不愿卑下贪求而已。"之后,作者列举了历史上伊尹辅佐商汤、太公望辅佐周武王的典故,"商汤并非没有其他的臣子,但是最终辅佐商汤取得升陑之役、鸣条之战的胜利的,只能是伊尹。周武王并非没有其他的臣子,但是最终辅佐他取得牧野之战的胜利并诛杀纣王的,只能是太公望。如果伊尹让位于汝鸠、仲虺（同时期名臣），太公望让位于太颠、闳夭（同时期名臣），那么商朝和周朝的国业还能成功吗？"

伊尹和太公望都当仁不让地承担了自己的责任，为国家大业呕心沥血。他们不让，所以才能成就自我乃至家国天下。在文章的结尾，作者进一步论说："即使有一百个汝鸠、一百个仲虺，伊尹也不会让；即使有一百个太颠、一百个闳夭，太公望也不会让。"最后顺理成章地得出"让，非贤人事"的结论。

从这两篇文章来看，此时的李商隐应该正是年少轻狂、意气风发之际。文笔之间，隐隐有不同流俗之风，这应与李处士的影响有重要关系。他敢于反对那些约定俗成的观点，敢于标新立异，既有少年的叛逆，又有过人的才气。这位卓尔不群的少年郎对历史早已熟稔于心，能够灵活地选取历史典故来为己所用。

由于受李处士的影响，年少的李商隐非常喜欢以古文进行创作，对于提倡古文运动的韩愈，更是崇敬有加。李商隐还有一首《韩碑》，风格与韩愈的《石鼓歌》颇为相近，全诗如下：

元和天子神武姿，彼何人哉轩与羲。
誓将上雪列圣耻，坐法宫中朝四夷。
淮西有贼五十载，封狼生䝙䝙生罴。
不据山河据平地，长戈利矛日可麾。
帝得圣相相曰度，贼斫不死神扶持。

腰悬相印作都统，阴风惨澹天王旗。
愬武古通作牙爪，仪曹外郎载笔随。
行军司马智且勇，十四万众犹虎貔。
入蔡缚贼献太庙，功无与让恩不訾。
帝曰"汝度功第一，汝从事愈宜为辞"。
愈拜稽首蹈且舞："金石刻画臣能为。
古者世称大手笔，此事不系于职司。
当仁自古有不让"，言讫屡颔天子颐。
公退斋戒坐小阁，濡染大笔何淋漓。
点窜《尧典》《舜典》字，涂改《清庙》《生民》诗。
文成破体书在纸，清晨再拜铺丹墀。
表曰臣愈昧死上，咏神圣功书之碑。
碑高三丈字如斗，负以灵鳌蟠以螭。
句奇语重喻者少，谗之天子言其私。
长绳百尺拽碑倒，粗砂大石相磨治。
公之斯文若元气，先时已入人肝脾。
汤盘孔鼎有述作，今无其器存其辞。
呜呼圣皇及圣相，相与烜赫流淳熙。
公之斯文不示后，曷与三五相攀追。
愿书万本诵万遍，口角流沫右手胝。
传之七十有二代，以为封禅玉检明堂基。

这首诗的背后有一段历史故事。唐宪宗元和十二年（817年），宰相裴度率兵平定淮西，大将李愬雪夜破蔡州，一举生擒敌首吴元济。捷报传来，朝廷上下对李愬交口称赞。唐宪宗打算立碑来铭刻这件事，命韩愈撰写《平淮西碑》的碑文。韩愈为人耿直，虽然大将李愬功不可没，但最重要的人是运筹帷幄的宰相裴度，如果没有他的统率，李愬也无法取得胜利。因此在碑文中，韩愈更多地突出了裴度的功劳。碑文铭刻后，李愬非常不满，他的妻子是唐安公主的女儿，更是仗着皇亲身份进宫去抱怨。于是唐宪宗命令翰林学士段文昌重新撰写碑文。段文昌知道个中缘由后，便有意在碑文中突出李愬的功劳，甚至颇为夸大。于是韩愈的碑文被磨掉，段文昌新撰的碑文被铭刻在石碑上。

其实客观来讲，韩愈的碑文更为符合实情。但是在当时的氛围下，人们大多只看事情本身，而忽视了事情背后的诸多因素。李商隐在读过韩愈的碑文后不觉心生共鸣，愤慨之余，他写下了上文中的《韩碑》。

他引经据典，热情洋溢地歌颂这篇碑文，整体上叙议相兼，风格上很有韩愈诗风。在李商隐写下这首古体长诗时，韩愈已经过世了。若是韩愈泉下有知，也当倍感欣慰了吧。

得遇良师，年少的李商隐日益精进。也是在这段时间，他练就了非常扎实的古文功底，许多历史典故更是烂熟于心。这些就像大树的根系一样深扎地下，人们看到的往往是地面上粗壮的树干与茂盛的枝叶，而忽略了土壤中不为人知的根系。

长吉，长吉

科举入仕，必须精通诗赋。因此，渐至加冠的李商隐开始研习诗赋。

唐代诗人辈出，彼时誉满天下的韩愈、柳宗元已经去世，他们曾引领了古文运动，对唐代文坛有着极大的影响，李商隐也曾对韩愈的诗文进行过深入的研究。唐代行卷之风盛行，在参加科举考试之前，总要向一些达官显贵写诗拜谒，以求得到提携。因此，要想科举入仕，必须在诗文上下一番苦功夫。

在跟从李处士学习期间，李商隐对前人诗文已有丰厚的积累。除了唐代名家的诗篇，先秦、魏晋时期的作品也给李商隐留下了深刻的印象。屈原的《离骚》《天问》激发了他无限的遐想，那些珠玑字句在他的脑海中勾勒了一幅又一幅浪漫唯美的画卷；陶潜的《归去来兮辞》令他想到同样归隐不仕的处士叔，田园诗中的恬淡与清净也着实令他神往。

大量的阅读与积累，为李商隐打下了良好的写作基础。那些字字生香的诗句，那些平仄起伏的韵脚，那些令人荡气回肠的故事，那些可歌可泣的诗人，无一不铺就了李商隐诗海生涯的底韵。

要说对李商隐影响最大的诗人，当数"诗鬼"李贺。

李贺（790—816），字长吉，河南府福昌县昌谷乡（今河南宜阳县）人。他是一位想象力极其丰富的浪漫主义诗人，开创了诗歌独有的体裁"长吉体"。李商隐非常推崇李贺的诗，这位少年还不知，多年以后，人们将会把他的名字与李贺、李白并称，誉为"唐代三李"。

因李贺家乡在昌谷，所以人们也称他为"李昌谷"。李贺诗风迥异，字里行间，常常充盈着浪漫奇妙的想象，用字用词虽然朴素，但是当那些简单朴素的字词在他的诗句中组合起来，便产生了奇妙的效果，诸如名句"天若有情天亦老""雄鸡一声天下白"等。遗憾的是，这位天才诗人英年早逝，年仅二十七岁便溘然长逝，留下了二百余首诗歌，成了人间绝唱。

李贺本是李唐皇族宗室，祖上是唐高祖李渊的叔父李亮。后来女皇武则天当政，对李氏子孙展开了大规模屠戮，李亮这一支远亲也受到殃及，到李贺父亲李晋肃这一代已经家道中落。李晋肃做过县令，但很早就去世了，只留下遗孀郑氏带着三个孩子艰难度日。

李贺幼年时家境贫寒，但从没有因为"口体之奉不若人"而抱怨，始终勤勉读书。白天时，李贺常常随身带着一个锦囊，每当灵光乍现想到佳句，就写下来放到囊中。晚上回家，再将白天写下的句子整理出来，这样日积月累，他的写作功底愈发深厚。

按理说，这样一位才华横溢的天才诗人去参加科举考试，是完全可以高中的，但可惜命途坎壈，在他十八岁时父亲李晋肃去世，按照规矩，他得守丧三年，之后再参加科考。然而当二十一岁的李贺准备参加当年的进士科考试时，一些嫉妒李贺的人却恶意中伤他，说李贺的父亲名叫"李晋肃"，其中"晋"与"进士科"的"进"同音，古人讲究避讳，要为圣人讳、为尊者讳、为亲者讳，所以有人据此说李贺应该为父亲避讳，退出进士科的考试。

在舆论的压力下，李贺不得不退出当年的考试。所幸，后来李贺得到韩愈的保举通过了朝廷的考核，并被授予从九品的奉礼郎一职。

虽然如此，但流言的恶劣影响一直如影随形，李贺的仕途非常不顺，一直没有得到升迁。三年后妻子病故，李贺料理完妻子的后事后也一病不起，只能告假养病。之后他又在潞州给事中张彻那里做过三年幕僚，后来张彻应召回京，他只能辞职归乡，没过多久便以二十七岁之年与世长辞。

李贺这位天才诗人犹如一颗划破寂夜的流星，虽然在唐朝诗坛上活跃的时间不长，却给人们留下了极深刻的印象。他的诗给人以诡谲变幻之感，风格迥异，独树一帜。他开创了"长吉体"诗风，用词偏重悲凉凄苦，诸如"苦""寒""魂""冷""死""血"等。他的诗歌想象力非常丰富，体裁上颇受楚辞和乐府诗的影响，多写古体诗和乐府诗。

李商隐刚出生那年，李贺刚去世没几年，正是李贺的诗歌名满天下的时候。自古以来便有一种奇怪的现象——诗人在世时饱受冷遇，而去世后却名声大噪。李商隐从小便听过李贺的诗，多年后机缘巧合，他竟结识了李贺的姐姐。她嫁给了王家（李商隐后来的岳丈王茂元的家族），谈到自己这位故去多年的弟弟忍不住滔滔不绝起来，说得非常详尽。之前李商隐也听说过许多关于李贺的传闻，对这位无缘谋面的诗人早就敬慕于心。于是，他写了一篇《李贺小传》，来记录这位传奇诗人的一生：

> 京兆杜牧为李长吉集序，状长吉之奇甚尽，世传之。长吉姊嫁王氏者，语长吉之事尤备。
>
> 长吉细瘦，通眉，长指爪，能苦吟疾书。最先为昌黎韩愈所知。所与游者，王参元、杨敬之、权璩、崔植为密，每旦日出与诸公游，未尝得题然后为诗，如他人思量牵合，以及程限为意。恒从小奚奴，骑距驴，背一古破锦囊，遇有所得，即书投囊中。及暮归。太夫人使婢受囊出之，见所书多。辄曰："是儿要当呕出心乃已耳。"上灯，与食。长吉从婢取书，研墨叠纸足成之，投他囊中。非大醉及吊丧日率如此，过亦不复省。王、杨辈时复来探取写去。长吉往往独骑往还京、洛，所至或时有著，随弃之，故沈子明家所余四卷而已。
>
> 长吉将死时，忽昼见一绯衣人，驾赤虬，持一板，书若太古篆或霹雳石文者，云当召长吉。长吉了不能读，欻下榻叩头，言："阿㜷老且病，贺不愿去。"绯衣人笑曰："帝成白玉楼，立召君为记。天上差乐，不苦也。"长吉独泣，边人尽见之。少之，长吉气绝。常所居窗中，勃勃有烟气，闻行车嘒管之声。太夫人急止人哭，待之如炊五斗黍许时，长吉竟死。王氏姊非能造作

谓长吉者，实所见如此。

呜呼，天苍苍而高也，上果有帝耶？帝果有苑囿、宫室、观阁之玩耶？苟信然，则天之高邈，帝之尊严，亦宜有人物文采愈此世者，何独眷眷于长吉而使其不寿耶？噫，又岂世所谓才而奇者，不独地上少，即天上亦不多耶？长吉生二十七年，位不过奉礼太常，时人亦多排摈毁斥之，又岂才而奇者，帝独重之，而人反不重耶？又岂人见会胜帝耶？

大诗人杜牧为李贺的文集作过序，李商隐看后感慨万千，加之李贺姐姐动情的描述，李商隐经过一番斟酌，带着无限的同情与敬仰写下了这篇小传。

在文章的开篇，他先交代了杜牧为李贺文集作序之事，而后描述了李贺的容貌："李长吉身材瘦削，双眉几乎相连，手指很长。"虽是简笔勾勒，但李贺的形象已经跃然纸上。李商隐应该是按照李贺姐姐等人的描述进行外貌的概括。而后，李商隐重点叙写了李贺内在的品质。"李长吉能苦吟诗，并快速书写。"这也正是李贺能够成为诗中鬼才的重要原因之一。之后又记录了李贺的写作习惯——与朋友出游，从来不喜欢用诗题来束缚自己的写作思路，总是随身带着纸笔，灵光乍现写出一句精彩的诗，便马上记录下来放进锦囊，到晚上回家再行整理。

这篇小传中，最传奇的当数李贺之死。"李长吉快死的时候，忽然大白天看到一个穿红色衣服、驾着龙的仙人，他手里拿着一块木板，上面写着古体的篆字，李长吉不认识那些字。仙人说是来召长吉到天宫去的，李长吉跪下来磕头说：'我母亲年纪大了，身体又不好，我不能离开啊。'红衣仙人笑着说：'天帝刚刚建成一座白玉楼，立即召你去为楼写记。天上的差事很愉快的，不辛苦。'李长吉痛哭，旁边的人都看见了。过了一会儿，李长吉便与世长辞了。在他平时所住的房屋的窗子里，有烟霞袅娜升空，还能听到行车的声音和隐隐的奏乐声。"

　　李贺真的被神仙接走去天庭当差了吗？唐代有很多传奇典故，李贺二十七岁英年早逝，人们都为他哀恸不已，亲人尤甚。人们只能用这个充满浪漫主义色彩的故事聊以慰藉，或许这样想着，心中的痛苦便会减轻一些。

　　李商隐对这段故事将信将疑，在文末，他不无疑惑地问："天空碧蓝而又高远，天上确实有天帝吗？天帝确实有林苑园囿、宫殿房屋、亭观楼阁吗？如果确实如此，那么上天这么高远，天帝这么尊贵，天上也应该有才华超过人间的仙人啊，为什么唯独眷顾李长吉而使他短寿呢？"

　　李商隐敬慕这位前辈，钦佩他的才华，更同情他的遭遇。"李长吉活了二十七年，职位不过奉礼太常，当时的人也多排挤诽谤他。又难道是世上所说的有才华的奇人，天帝特别重视他，而世人却不重视吗？"写到此处，李商隐定然是无比悲愤的。他只截取了几个片段来记录李贺的生平，不像传统的传记那样流水账一样记录其一生大大小小的事件。这篇传记中，他倾入了自己的情感，在纵观李贺时，就像看一面镜子一样观照自身。怀才不遇，是许多读书人最凄苦的遭遇，而年少的李商隐，也同样如此。

创作《李贺小传》虽是后话，但对于年少的李商隐来说，诗鬼李贺已然是他膜拜的偶像，不知不觉间，李贺的"长吉体"也在他的诗歌中显现出来。他常常捧着李贺的诗集反复品读，稍有空闲，便到处搜罗李贺的作品，在写作的过程中也会去刻意模仿。爱屋及乌，由于李贺偏爱南朝民歌和齐梁体诗歌，他也渐渐喜欢用这种体裁来倾诉自己的心事。如《海上谣》：

  桂水寒于江，玉兔秋冷咽。
  海底觅仙人，香桃如瘦骨。
  紫鸾不肯舞，满翅蓬山雪。
  借得龙堂宽，晓出揲云发。
  刘郎旧香炷，立见茂陵树。
  云孙帖帖卧秋烟，上元细字如蚕眠。

这首诗的写作时间不详，但是从内容及风格上推测，应该是李商隐早期的作品。字里行间颇有李贺的风采，其中"桂水""玉兔""紫鸾""蓬山雪"等意象更是奇妙而浪漫，引人遐想。

除此外，还有几首类似的作品，其风格与此诗大体一致，如《宫中曲》《李夫人三首》《宫娃歌》《天上谣》等。这些作品奠定了李商隐的写作基础，这个意气风发的少年，很快便会大放异彩，在中国诗坛上写下浓墨重彩的一笔。

学道玉阳山

《唐会要》中有这样一段记载："武德三年五月，晋州人吉善行于羊角山，见一老叟，乘白马朱鬣，仪容甚伟，曰：'谓吾语唐天子，吾汝祖也。今年平贼后，子孙享国千岁。'高祖异之，乃立庙于其地。"乾封元年三月二十日，追尊老君为太上元元皇帝。至永昌元年，却称老君。

我们姑且不去探讨从未见过老子的那位晋州人是如何认出老头就是老子的，只说如此英明神武的高祖李渊为什么会听到有人自称是他的祖宗，他便深信不疑还为之立庙？或许这本来就是自编自导的戏码，之所以主角是老子，最重要的一个原因，是老子姓李，李唐的李。

封建社会时期，要想推翻旧朝、建立属于自己的新王朝，必须要名正言顺，皇帝最好有个高贵的出身，诸如某某圣人的第多少代传人之类。如果封建时代的皇帝中有姓孔的，只怕孔子也会被追尊为某某皇帝的祖先。

老子大概万万想不到，自己死了一千多年，竟然还被追尊为皇帝。

唐代道教盛行，很多人热衷于寻仙问道，其中不乏文人大家、朝中权贵，甚至皇帝也乐此不疲。或者说，皇帝对于修仙术的热衷，在一定程度上也起到了带头作用。

道教是中国土生土长的宗教，其在中国古代鬼神崇拜观念的基础上，以黄、老道家思想为依据，崇尚修仙术、炼丹术，以羽化飞升而得长生为目标。道教脱胎于战国时期诸子百家中的道家，至东汉末年，民间已经形成了大量的道教组织，诸如太平道、五斗米道等。至唐代，修仙问道更是成了一种风尚，即便不能白日飞升，修修道以求强身健体也是好的。因为道观往往建在深山老林中，环境清幽，非常适合修身养性。文人总是热衷于山水，或多或少总有一些浪漫主义情怀，对于这种生活，自是迷恋不已。

修仙者需要居于深山，有名望者还往往会受到一些高官权贵甚至是皇帝的重视，被邀请入仕也是有的。因此，一些读书人看到了走进官场的新门路，更是打着"隐居"的旗号入山修道，以期引起别人的注意，好谋个一官半职。

就是在这样的社会风气之下，李商隐也去玉阳山学道了。

事实上，李商隐心中对修仙问道之事并不认可，但是社会风气如此，大概也有亲朋的劝说，他这才勉为其难，离家入山。

当时李商隐家已经搬到了洛阳，这是李商隐母亲的决定。虽然在荥阳衣食无忧，但是洛阳是当时著名的大都市，近水楼台先得月，在这里更有利于李商隐和弟弟李羲叟求取功名。在李商隐去玉阳山修仙之前，他还曾经历了失去三姐姐的彻骨之痛。三姐姐和三姐夫曾给予他们了很多帮助，三姐姐的去世，令李母和李商隐兄弟俩都悲痛不已。人间之痛，莫过于生离与死别，而很多不经意间的生离，随着岁月辗转最后竟成了死别。大和三年（829年，大和，一作"太和"），四十三岁的李处士也因病去世，彼时李商隐刚刚十七岁，他为失去这位亦亲亦师亦友的堂叔悲伤落泪，也在心里默默发誓，绝不辜负亲人们对他的期许，李处士教给他的学问与做人的道理，李商隐始终记在心里。

或许，玉阳山的流岚与雾霭会抚平少年心中的悲痛吧。

玉阳山学道的时光也为李商隐的诗歌写作积累了素材。这座山是王屋山的支脉，关于王屋山，自古便有许多神话传说，其山脉盘桓处，更是有许多道教圣地。多年以后，李商隐在写给朋友的诗中曾回忆起这段时光："忆昔谢四骑，学仙玉阳东。千株尽若此，路入琼瑶宫。口咏玄云歌，手把金芙蓉。浓霭深霓袖，色映琅玕中。悲哉堕世网，去之若遗弓。形魄天坛上，海日高瞳瞳。"

玉阳山可谓人间仙境，繁花与苍松氤氲在缭绕的云海里，别是一番风景。有很多诗人作诗歌咏玉阳山一带的风景，唐代的著名道士司马承祯也曾在这座山修行，唐玄宗的妹妹玉真公主也曾在这里修道，后来正式出家，便在玉阳山设了道观，玉阳山的名气越来越大。

当时道教盛行，玉阳山又是远近闻名的修道圣地，因此山上道观众多。玉阳山有东峰和西峰，两座山峰之间有一条蜿蜒的小溪，名曰"玉溪"，李商隐来此修道后，便借此溪水取了个"玉溪生"的雅号，后来李商隐名满天下，这条小溪也随之名声大噪。

修道的具体活动大约可分为两大类：第一类是理论型，

主要学习《皇庭经》《真诰》等道家专著；第二类为实践型，包括道观内的斋醮活动以及修习功法等。

李商隐并不相信修道可以白日飞升，但是道观中清净的氛围倒是他所喜欢的。除了阅读道家经典著作，他还学会了撰写青词和斋文。李商隐文采斐然，无论写作哪种体裁的文章，总能很快上手，写起来犹如行云流水，流畅自然。

修道期间，李商隐结识了很多新朋友，大家一起谈天说地、评古论今，倒也逍遥自在。李商隐的《曼倩辞》大约也是创作于这段时间：

> 十八年来堕世间，瑶池归梦碧桃闲。
> 如何汉殿穿针夜，又向窗中觑阿环。

"曼倩"是西汉名臣东方朔的字，据说东方朔临死时说：天下只有太王公是知道我的。东方朔死后，汉武帝找来太王公问话，太王公表示并不知道东方朔，只是知道天上的星宿而已，于是汉武帝又问："诸星具在否？"太王公回答说："诸星具在，独不见岁星十八年，今复见耳。"于是汉武帝仰天长叹："东方朔生在朕傍十八年，而不知是岁星哉！"

又有传说王母种桃，三千年一结果，东方朔三次偷吃蟠桃，王母大怒，将其贬谪到人间。

东方朔是西汉著名辞赋家，虽然在汉武帝身边多年，但官位并不高，心中常有怀才不遇的苦闷。而汉武帝知道东方朔去世，才知道在自己身边十八年的臣子竟是岁星转世。这里应是李商隐以东方朔自况。"汉殿"指代唐宫，唐代文人经常以"汉"代"唐","穿针夜"为七夕之夜，因七夕有女儿穿针乞巧的习俗，所以七夕也叫"乞巧节"，他从窗中偷偷看的"阿环"是谁？有人认为是以杨贵妃（杨玉环）代指宫中的某位女子，是写他与某位宫女不为人知的恋情的；也有人认为是指某位女冠（即女道士），是写与某位女道士的暧昧情愫的；亦有人认为，那应该是一个随公主一起做了女冠的宫女，陪侍公主在玉阳山修行。

李商隐的诗中有很多这样隐晦的句子，千年已逝，我们无从考证，只能根据其生平事迹推测。有人根据"十八年来堕世间"一句认定这首诗创作于李商隐十八岁那年，虽然有些勉强，但也不无可能。

至于李商隐与女道士的恋情，则历来为人们所津津乐道。在李商隐的诗歌中，我们能隐隐窥测到千年前的那份心动与美好。

神秘女冠

唐代道教盛行，修习道教的不仅限于男子，很多女子也颇好此风，尤其是玉真公主的修习，更是起到了引领作用。事实上，很多唐代女冠并非真正意义上的道姑，她们有很多只是以女冠的身份生活，私下里和很多男子皆有往来，犹如交际花迎来送往，如鱼玄机、薛涛，虽然都做道姑打扮，但是生活状态却颇似风尘女子。

在道观生活，多多少少都会读一些书，如果再拥有过人的姿色，那便是秀外慧中的女冠了，而这样的女子，也最容易得到充满浪漫主义情怀的年轻诗人的青睐。

玉阳山风景秀丽，清晨有珠玑般的露珠，黄昏有绚丽的晚霞，入夜有皎洁的明月。白天要进行斋醮活动或修习功法，而静悄悄的黄昏月下，则是幽会的绝妙时间。或许是在某个阳光明媚的清晨，抑或是某个蝉鸣不止的午后，一群十六七岁、活泼可爱的姑娘闯进了少年的视野。她们是陪着某位贵族小姐甚至可能是当朝公主前来修习的侍女，而她们中的某一个，像曼妙的精灵一样映在少年清澈的眸子里，令他辗转反侧，无法忘怀。

李商隐的诗歌中有很多涉及女冠的，尤其有一位姓宋的女冠颇为引人注意，如《赠华阳宋真人兼寄清都刘先生》：

> 沦谪千年别帝宸，至今犹谢蕊珠人。
> 但惊茅许同仙籍，不道刘卢是世亲。
> 玉检赐书迷凤篆，金华归驾冷龙鳞。
> 不因杖屦逢周史，徐甲何曾有此身。

又如《月夜重寄宋华阳姊妹》：

> 偷桃窃药事难兼，十二城中锁彩蟾。
> 应共三英同夜赏，玉楼仍是水精帘。

人们推测，这位宋真人应该是李商隐喜欢的一名女子，与她经常在一起的，应该还有一位姑娘，甚至有人大胆推测，李商隐同时与两名女冠发生恋情。有人认为女冠名叫"宋华阳"，但笔者认为，"华阳"应为道观名——这也是当时久负盛名的修道场所。且不论其名字，我们就叫这位姑娘为"宋真人"吧。后来这位宋真人离开玉阳山道观，居于长安华阳观。这两首诗都是与宋真人分别后写的，写作时李商隐已经回归红尘，而宋真人依然在修道，字里行间流露着诗人对与其一起修道时光的怀念与心中的思念之情。

"偷桃窃药事难兼"，"偷桃"依然是前文提到的东方朔偷桃的典故，"窃药"是说嫦娥偷吃灵药后飞升入广寒宫的故事，诗人依然是以东方朔自喻，而嫦娥则是指诗人所爱慕的女冠，在李商隐诗中，有多处以"嫦娥"来指代女冠的，这里是一个互文的手法，即两个人想要"偷桃"——像红尘夫妻一样柴米油盐地长相厮守，又想要"窃药"——修道飞升脱离红尘，这是难以两全的。传说玉帝仙京有十二楼，所以诗人以"十二城"指代宋真人修道的道观。"彩蟾"，传说月中有蟾蜍，所以月宫也叫"蟾宫"，以"彩"冠之，颇具美感，自然是指那位修道的姑娘了，一个"锁"字说明姑娘修道也是出于无奈，只能在清冷的道观中消磨美好的韶光。李商隐想象着心爱的姑娘与另外两位女冠一同赏月的场景，而自己也曾与她们一同赏月，如果他没有离开，此刻应与她们一起谈笑风生，昔日的风景应该没有变化，明月如昨，只是少了他一人，不知道她们会不会谈到他？三个人应该彼此引为知己，关系密切。至于有没有出现人们所喜闻乐见的恋情，则没有直接的史料能够证明。但是从李商隐的遣词用句上来看，是极有可能的。

　　李商隐的母亲和姐姐都是温柔贤惠的传统女性，从小到大，他印象中的女子都是那样循规蹈矩的，而他所见到的宋真人却是活泼开朗，像个小太阳一样活力四射。诗人被深深地吸引了，在这样美好的年纪，又是这样美好的环境，发生一段美好的爱情似乎是水到渠成的。

　　宋真人应该也是热烈地爱恋着诗人的，只是迫于身份和礼教，她做不到抛下一切追随心爱的少年而去。她只能任由道观的围墙锁住自己的青春，也锁住了自己的爱情。

　　在李商隐诗中，"嫦娥"的意象出现过很多次，字里行间，总是带着无限的怀恋与遗憾，那些朦朦胧胧的爱情，交织成青葱岁月的美好回忆。而那个可望而不可即的姑娘，也激发了他源源不断的创作灵感，如这首《水天闲话旧事》：

> 月姊曾逢下彩蟾，倾城消息隔重帘。
> 已闻佩响知腰细，更辨弦声觉指纤。
> 暮雨自归山峭峭，秋河不动夜厌厌。
> 王昌且在墙东住，未必金堂得免嫌。

从题目"闲话旧事"来看，应该是后来的追忆之作。"月姊"为嫦娥，这里依然是指代那位心爱的姑娘。在李商隐眼中，她就像从月宫飘落凡尘的仙子一样，美丽而高洁，虽然两人之间隔着重重珠帘，但依稀能看见她倾城的容颜。她身上的环佩相撞发出动听的声响，少年忍不住遐想——她的腰肢定然纤细柔美，听见她弹奏的琴声，便想象到她水葱一样的手指落在琴弦上的画面。

姑娘应该是住在隔壁道观的，与李商隐所在的道观相邻。所以他以王昌自比，既然两人只有一墙之隔，就算她身在道观，两人终日里低头不见抬头见，总是不能避嫌的。

李商隐在写诗时喜欢用典，"王昌"在诗歌中出现，经常象征着女子的意中人，而且是那种无法长相厮守的意中人。洛阳美人莫愁家东邻便是王昌家，莫愁十五岁时嫁给了当时的豪门世家卢家，"金堂"是说莫愁夫家非常富有，以郁金香和泥涂墙。莫愁女虽然锦衣玉食、一生富贵，但依然遗憾没能嫁给年少时爱慕的"东家王"，因此"东家王""王昌"也被诗人们赋予了一层特殊的含义。

那首著名的《嫦娥》，似乎也隐隐约约透露了这段注定遗憾的恋情：

> 云母屏风烛影深，长河渐落晓星沉。
> 嫦娥应悔偷灵药，碧海青天夜夜心。

　　这首诗从内容上看明白晓畅，相比于其他引经据典的诗非常明了易懂。"云母"是指云母石，可以用来装饰屏风。从字面来看的话，便是这样的画面：房间里，云母石点缀的屏风上映着烛影，望向窗外长空，只见银河倾斜、启明星已经渐渐沉下。想来月宫中的嫦娥正在悔恨自己当初偷走可以成仙的灵药，一个人孤独地对着碧海青天，只能夜夜伤心。

　　人们常将这首诗中"嫦娥"的形象理解为诗人自己，认为这是李商隐处于牛李党争的夹缝中的自伤之语。但是结合李商隐的其他诗歌来看，其反复出现的"嫦娥"形象应该是指一位爱而不得的女子。因此，这首诗也许同样是在怀念那位姑娘，她追随主人修道，虽然也爱着诗人，但终究没有冲破束缚的勇气，无法与诗人长相厮守。夜深人静时，看着道观里的一豆孤灯，或许她也会想念他吧，甚至会为当初的优柔寡断而后悔。但美好的时光已然远去，她只能在青灯黄卷里度过余生，岁岁孤单，夜夜寂寥。

第三章

江湖夜雨：纵遇伯乐，坎廪奈何

将军樽旁,一人衣白

玉阳山学道虽然没有什么实质上的作用,但是对一位年轻的诗人来说,却催生了很多优秀的诗篇,诸如《燕台诗》《河阳诗》《河内诗》等。这段时光,也成了李商隐一生中最难忘的历程。这段时间里,他所朝夕相处的大都是志趣相投的年轻人,他们一起谈天说地、评古论今,何其快哉!那么单纯的圈子,在李商隐离开玉阳山后几乎再不曾有。几个月的时光倏然而逝,离开道观后,这位充满浪漫主义情怀的年轻诗人便回到了红尘中,世事浮沉,也由此开始。

就像现在刚刚走出象牙塔的大学生找工作一样,十九岁的李商隐开始认真地谋求仕途。

唐文宗大和三年(829年),繁华的东都洛阳城熙来攘往,一个风度翩翩的年轻人夹杂在人潮中。他带着对仕途的满腔热忱与对诗歌的无限热爱,开启了一个属于自己也属于整个诗坛的新时代。

对于李商隐的仕途来说,令狐楚有着非常重要的作用。少年时代,李商隐因才名远播而有幸见过令狐楚一面,那时令狐楚正官任河南府尹,他听说有个叫"李商隐"的神童,便特意召见了这个孩子。彼时李商隐十一二岁,对这位严肃又慈爱的府尹大人很是敬慕。小小少年尽量表现得像个大人一样,那乖巧懂事的模样给令狐楚留下了深刻的印象。

　　令狐楚是那个年代红极一时的大人物。他二十三岁高中进士,随后长期在太原府做幕僚,太原府前后三任节度使都非常看重他。他文采斐然,能写一手漂亮文章,据说就连唐德宗也能在众多奏章中一眼看出哪一份是令狐楚所写。

　　令狐楚的文章不仅胜在文采,还胜在以真情、真理动人。太原节度使郑儋暴病,还没来得及留下遗言就撒手人寰。太原驻军一时骚动,即将发生兵变。正值深更半夜,令狐楚尚在熟睡中,忽然有十多人闯进卧房,将冰冷的刀刃架在他的脖子上,将他挟持到军中。大家要求他代已故的节度使大人起草一篇遗表。这是非常重要的文章,需要涉及对当地军政事务诸方面的安排,与在座的每一位将领都有着切身的利害关系,稍有不慎,就会开罪于人。

　　不过,令狐楚并没有畏惧,他气定神闲,铺纸挥毫,文章一气呵成。这篇文章非常有感染力,在三军将士面前朗读之后,将士们竟感动得纷纷落泪,刚才还要哗变的士兵们就此稳定下来。

　　由此可见,令狐楚的文章有着怎样动人心魄的力量。

　　在那场著名的党派之争——牛李党争中,很多官员都不可避免地卷入党争的洪流之中。令狐楚追随以李逢吉、牛僧孺、李宗闵等人为首的"牛党"一派,与以李德裕为代表的"李党"一派相互对峙。牛党代表着大官僚大地主大商人的利益,而李党则代表着不经营商业的官僚地主和中小地主的利益。如果纵观历史，我们会发现，其实李商隐的政治思想与李党更为接近，但年少的李商隐纯真得像一杯澄澈的水，在人际交往上并没有考虑那些弯弯绕绕的利害关系。去拜谒令狐楚，只是因为年少时的一面之缘，毕竟在这座大都市，他所熟识的人不多，而能为他在政治仕途上提携一二的，除了令狐楚，似乎没有更合适的。

多年前的那个孩子已经长大，眼前的年轻人与记忆中那个彬彬有礼的小小少年渐渐重叠，看着长大成人的李商隐，令狐楚倍感欣慰。他相信，假以时日，这个年轻人一定会大有一番作为，对自己来说，也将是个非常得力的助手。但是聊过一番他才发现，李商隐对官场仕途所需要的骈体文了解不多，他所擅长的古体文，在官场上是行不通的。

令狐楚聘任李商隐为自己的幕僚，并建议李商隐多研习骈体文，甚至亲自指点，还让他和自己的子侄们一起学习、切磋。

"幕僚"相当于府主的秘书，要帮助府主处理一些事务的，令狐楚聘任李商隐为幕僚，却没有给他安排工作，反而是先让他好好读书，对他犹如自己的孩子一般。

对于李商隐来说，令狐楚是他的伯乐，是事业上的恩人。他对令狐家的每一个人都非常恭敬。令狐楚有两个儿子，长子令狐绪，次子令狐绹，还有一个侄子令狐缄。兄弟三人与李商隐年纪相仿，聊起来很是投缘，李商隐很快与令狐家的三个兄弟成了好朋友。令狐楚非常重视孩子们的教育，虽然按照唐代的官制，他可以荫蔽一个儿子做官，但他还是让孩子们攻读诗书，希望他们能够成为饱学之士。令狐家有读书的家馆，有专门聘请的先生教书，令狐楚有时候也会过来指点一二。李商隐和三位公子一起学习骈体文的创作，了解官场所需要的各种文章体裁。

在三位公子中，李商隐与二公子令狐绹相处得最好，两个年轻人成了无话不谈的密友。李商隐的身份类似于伴读，但偏是他这个"伴读"学得最好，每当先生提问，他总是能对答如流。令狐绹对他佩服不已，他们一起读书、习字，纯净的时光里，种下了两个少年最纯净的友谊。他们约定：待将来步入官场，要匡扶天下、并肩作战，做永远的好朋友、好兄弟。

年轻人经常聚在一起谈天说地，对这个寒门子弟，有人认可，自然也有人不认可。毕竟像令狐楚这样"不以出身论英雄"的还是少数。每每有人诋毁李商隐，令狐楚知道后总要严厉指责对方，甚至出言斥骂。他尽力呵护这个年轻人，像父亲疼爱儿子一样疼惜他。

虽然古体文和骈体文有很大区别，但有了古体文的深厚根基，李商隐在骈体文的学习中进步很快，甚至超过了令狐家的三位公子。令狐楚对这个年轻人也寄予了厚望，相信他一定可以成为栋梁之材。令狐楚对李商隐给予了精神与物质的双重援助，让他得以在科考之前积蓄足够的力量。开成二年（837年）令狐楚于弥留之际留下遗言，令李商隐代拟遗表，这份信任与重视，令李商隐感怀终生。在《奠相国令狐公文》中，李商隐回忆起昔日的情景，感慨道："天平之年，大刀长戟，将军樽旁，一人衣白。十年忽然，蜩宣甲化。人誉公怜，人谮公骂。公高如天，愚卑如地。"

李商隐只是一介寒门白衣，令狐楚乃为高门显贵。两人的身份有着天壤之别，而令狐楚却能慧眼识才，努力将这个才华横溢的年轻人呵护在自己的羽翼下，让他更好地成人成才。与令狐楚相处的十年时光，令李商隐有一种新生之感，就像是蜕去甲壳的蝉长出了透明的羽翼，可以在林叶间啜饮甘露、放声高歌。

令狐楚家有很多侍女，她们也都是十几岁的姑娘，正是青春懵懂的年纪，看到令狐家来了个风雅俊朗的少年，见到他时都忍不住要多看几眼，颇似三国时期"拂弦误，周郎顾"的典故。李商隐前不久刚经历了爱情的失意，见到活泼可爱的妙龄女子，也难免会想起曾经朝思暮想的宋真人。在那些侍女中，有一位与李商隐走得很近，于是又一场注定不会有结果的爱情萌生了。

那个侍女有可能是令狐楚的侍妾或者婢女，也有可能是令狐幕府中的一名官妓，总之是一位李商隐爱而不得的姑娘。这位女子在来到令狐家之前还做过女冠，所以早在玉阳山时就有可能与李商隐相识，即便不曾相识，那段相似的经历也让他们有了共同的话题。他们希望能长相厮守，但是又不能踏破礼教的门槛。无奈之中，李商隐只好借诗抒情。有一次宴会，她当众献舞，裙裾飞扬，肤如凝脂，犹如天宫里降临的仙子，一颦一笑皆令人着迷。李商隐很想多看几眼，但唯恐失礼。李商隐借着这个机会献诗一首，题为《天平公座中呈令狐令公，时蔡京在坐，京曾为僧徒，故有第五句》：

罢执霓旌上醮坛，慢妆娇树水晶盘。

更深欲诉蛾眉敛,衣薄临醒玉艳寒。
白足禅僧思败道,青袍御史拟休官。
虽然同是将军客,不敢公然子细看。

当时令狐楚任职检校右仆射天平军节度使,所以题目中称他为"天平公","罢执霓旌上醮坛,慢妆娇树水晶盘",这位翩翩起舞的少女曾经是女冠,而她现在踏入红尘,化上淡雅的妆容,在这里为大家献舞。颔联进一步描写她的美丽,在夜深人静时,她蛾眉微蹙,薄薄的纱裙更是将肌肤衬得犹如凝脂。颈联从侧面描写她的美艳,"白足禅僧""青袍御史"在见了她的美貌后都为之倾倒,惹得和尚想还俗、御史想辞官。尾联则从自己的角度写出了对她的爱慕与不敢染指的无奈,他不敢细看,只能将无限情思写入诗中。

在令狐幕府的这段时间,李商隐创作了大量的诗歌。对于年轻诗人来说,爱情是最好的灵感源泉,越是爱而不得,越是会催发无尽的绵绵情思。除了这首诗,著名的《燕台四首》应该也与那位曼妙多情的侍女有关:

春

风光冉冉东西陌,几日娇魂寻不得。
蜜房羽客类芳心,冶叶倡条遍相识。
暖蔼辉迟桃树西,高鬟立共桃鬟齐。
雄龙雌凤杳何许?絮乱丝繁天亦迷。
醉起微阳若初曙,映帘梦断闻残语。
愁将铁网罥珊瑚,海阔天翻迷处所。

衣带无情有宽窄，春烟自碧秋霜白。
研丹擘石天不知，愿得天牢锁冤魄。
夹罗委箧单绡起，香肌冷衬琤琤佩。
今日东风自不胜，化作幽光入西海。

夏

前阁雨帘愁不卷，后堂芳树阴阴见。
石城景物类黄泉，夜半行郎空柘弹。
绫扇唤风阊阖天，轻帏翠幕波洄旋。
蜀魂寂寞有伴未？几夜瘴花开木棉。
桂宫流影光难取，嫣薰兰破轻轻语。
直教银汉堕怀中，未遣星妃镇来去。
浊水清波何异源？济河水清黄河浑。
安得薄雾起缃裙，手接云輧呼太君。

秋

月浪衡天天宇湿，凉蟾落尽疏星入。
云屏不动掩孤嚬，西楼一夜风筝急。
欲织相思花寄远，终日相思却相怨。
但闻北斗声回环，不见长河水清浅。
金鱼锁断红桂春，古时尘满鸳鸯茵。
堪悲小苑作长道，玉树未怜亡国人。
瑶琴愔愔藏楚弄，越罗冷薄金泥重。
帘钩鹦鹉夜惊霜，唤起南云绕云梦。
双璫丁丁联尺素，内记湘川相识处。

李商隐诗传 | 53

歌唇一世衔雨看，可惜馨香手中故。

冬

天东日出天西下，雌凤孤飞女龙寡。
青溪白石不相望，堂上远甚苍梧野。
冻壁霜华交隐起，芳根中断香心死。
浪乘画舸忆蟾蜍，月娥未必婵娟子。
楚管蛮弦愁一概，空城罢舞腰支在。
当时欢向掌中销，桃叶桃根双姊妹。
破鬟倭堕凌朝寒，白玉燕钗黄金蝉。
风车雨马不持去，蜡烛啼红怨天曙。

  这组诗按照春夏秋冬四季来写，内容上有丰富的想象，也有对女子的细致刻画。李商隐的很多传世诗歌都带着些谜团，叶嘉莹女士更是将其评为李商隐的诗谜代表作之一（其他代表作为一系列的《无题》）。

  在《春》中，诗人化身为一只蜜蜂，在无限春光中寻找着自己心爱的姑娘。他飞啊飞，飞过如茵碧草，飞过锦簇花海，终于在黄昏时分，看到了心爱的她正在一棵桃花树下。只见她头上绾着高高的发髻，笑意盈盈，美如仙子。然而他们之间的距离太遥远了，就像是"雄龙"与"雌凤"一样，是注定不能结合的。从此他便陷入了解不开的情网中，为她衣带渐宽，为她彻夜无眠。"今日东风自不胜，化作幽光入西海"，现在春天已经快要过去了，他多么希望能够抓住这最后的春光，与她一起化作那遁入西海的幽光，永远离开尘世的羁绊，相爱相守，不离不弃。

在《夏》中，他依然思念着那位心爱的姑娘。无论是大雨滂沱的日子，还是星汉灿烂的夏夜，他的眼前总会浮现她的音容。他想象着她独处时的样子，想象着她身边是否有人陪伴。应该是独自一人吧，她应该和自己一样，每一夜都看着那花朵火红的木棉树寂寞无眠。他们之间横亘着不可逾越的鸿沟，就像天上的牛郎与织女之间隔着一条茫茫的银河一样。他多希望将那"银河"揽入自己怀中，跨越鸿沟，不顾一切地去见她。"浊水清波何异源？济河水清黄河浑"，浑浊的河水与清澈的河水何必异源呢？就算是清澈的济河与浑浊的黄河，也能合流至一处。"安得薄雾起缃裙，手接云輧呼太君"，"缃裙"指浅黄色的丝裙，"云輧"即云车，指仙子临凡所乘驾的车。在《夏》的结尾，他带着无限期许说道：什么时候能够看到你裙裾伴着云雾飞扬，驾着云车来到我这里呢？如果你能够前来，我一定极尽虔诚地去迎接你。

《秋》依然是表达对心爱姑娘的无限思念。他想象着她生活的场景，想象着她无限的寂寞愁怨。值得一提的是"堪悲小苑作长道，玉树未怜亡国人"之句，"长道"即永巷，用来关押犯了罪的宫女。诗人感叹说：可悲的是那小苑竟成了永巷，犹如一座豪华的监狱囚禁了心爱的姑娘，而她的主人就像后主陈叔宝并不是真心爱怜张贵妃一样，也并不是真心爱怜她。从这来看，那位被李商隐爱慕的女子有可能是令狐楚的侍妾。对李商隐来说，令狐楚是他的恩师，对他府里的侍女，他本应该是想都不能想的，但爱情这种东西偏偏毫无道理。因此在写作《燕台诗》时，他在努力地掩饰着自己的感

李商隐诗传 | 55

情,尽量把这组诗写得扑朔迷离,只有个别字句留下了那场隐秘爱恋的蛛丝马迹。

在《冬》中,诗人的惆怅与哀情更深一层。"芳根中断香心死",诗人早就预知了这场爱情的悲剧,他们终究是不能逾矩的,只能选择分开。在分开的那一刻,姑娘已然心死。女为悦己者容,没有他的欣赏,她也不再装扮自己,任凭"破鬟倭堕凌朝寒"。而诗人又何尝不是如此?与她分别后,他只能怀念着她曼妙的舞姿与动听的歌喉,纵然"罢舞腰支在",也只能犹如章台柳般攀折于他人手。

《冬》中还出现了一个新谜团,李商隐所写的女子似乎有两位,"雌凤孤飞女龙寡""桃叶桃根双姊妹"两句尤为明显。有人据此认为李商隐同时与两名女子恋爱,笔者认为,或许是李商隐因为与令狐幕府的侍女分别,想起了此前在玉阳山学道时曾爱恋过的女冠,这两个姑娘成了他永生的遗憾。天意弄人,他爱上的两个姑娘都与他有着难以跨越的距离,他们注定不会有结果,无尽的哀愁,只能用隐晦的诗句来抒发。

诗人是感性的,但世俗的羁绊却让他不得不保持理性。在感性与理性的冲突中,诗人的内心是煎熬的,但恰恰是这份煎熬,催生了无数隽永的诗句。在做令狐楚的幕僚期间,李商隐快速地成长着。他与令狐楚的家人都很亲近,令狐楚有一些宴会活动,也总要把他带在身边,李商隐也得以结识了更多的社会名流。

除了与令狐楚一家交好,李商隐还结识了著名诗人白居易。

此时的白居易已经年逾花甲,且誉满天下,经过许多宦海沉浮,他已经辞离官场,定居洛阳。

  白居易很愿意提携晚辈后生,对李商隐也颇为看好,两人虽然年龄上相差了好几十岁,但是并不影响两人结为好友。

  老先生亲切随和,对李商隐的作品也会加以指点。他们谈论诗文典故,颇有相见恨晚之态。白居易很喜欢这位儒雅的年轻人,与朋友们举行诗文酒会时,也会派人专程给李商隐送一张请帖。李商隐得以结识更多的显贵,也算跻身上流社会了。

  白居易非常喜欢李商隐的诗,可以说是逢人说项,甚至自叹弗如。坊间盛传这样一个典故:一次聊天,白居易对李商隐说:"这辈子我是赶不上你了,希望下辈子能投胎做你的儿子,我也就心满意足了!"

  多年以后当白居易去世,白景特意邀请李商隐来为父亲撰写墓志铭。回忆起曾经老先生对自己的提携,李商隐感伤不已。他一生都怀着对白居易的敬重与感恩,那篇《刑部尚书致仕赠尚书右仆射太原白公墓碑铭》(并序)也成了李商隐的经典之作,流传至今。

  虽然得到名家的提携指点,但李商隐的科举之路并非一帆风顺。正所谓"三十老明经,五十少进士",要想考中进士科,是非常不容易的,有的人甚至考到五六十岁,终其一生都在为科举奔波。

  大和三年(829年),家乡传来噩耗:那位悉心教导过他的处士叔与世长辞。李商隐得知消息后悲痛不已,李处士教给他的学问与做人的道理始终铭刻在他的心上,那是李商隐一生的珍藏。李处士虽然是个隐士,但他还是希望家族子弟能够科举入仕，对李商隐也一直寄予厚望。遗憾的是，老先生没能看到自己的爱侄金榜高中，他是带着对李商隐的期许离世的。

第二年，李商隐迎来了人生中第一次科举考试。

他带着无限憧憬走进繁华的京城，除了希望能光耀门楣之外，也希望能给九泉之下的处士叔一个慰藉。那时令狐家的二公子令狐绹已经高中进士，这让李商隐感受到了压力，但也看到了希望。或许进士科的考试并没有传说中的那么难，他了解令狐绹的才学，既然他可以考中，那么自己也一定能考中的。

确切来说，李商隐参加的是大和五年（831年）的考试，但是按照当时的规矩，参加科举的考生需要在年前入京做好方方面面的准备工作。因此在大和四年（830年）的秋天，李商隐便在令狐楚的建议下来到了都城长安（今西安）。

十一月，李商隐和其他考生一起来到皇宫的含元殿，按照规章流程进行了一次"集会"，一个多月后又参加了一次更为隆重的"元日引见"，也就是和考生们一起接受皇帝的亲自召见。

皇宫的金碧辉煌，当朝圣上的亲自勉励，京城中随处可见的繁华景象，无一不激励着这位年轻人。李商隐对这次考试很有信心，他相信以自己的才学，一定能蟾宫折桂。

三场考下来，李商隐觉得自己答得不错，只等金榜题名了。礼部放榜的那天，他和其他考生一起前去看榜，然而遍寻榜单，竟然没有他的名字。

榜上无名，李商隐倍感沮丧。不过，能够一次考中的幸运儿毕竟只是极少数，李商隐尽量去安慰自己，但心中的失落总是无法避免的。令狐楚知道后也是尽力安慰他，并继续给他资助盘缠，让他准备明年的考试。

李商隐以为，经过了这次失败，明年一定能够考中，却没料到，第二年因为生病而没能去考试。也罢，那就好好复习准备第三年的考试吧，但是第三年他再次名落孙山，之后又有了第三次、第四次……

仿佛是命运和他开了一个玩笑，这位才华横溢的诗人竟一连五次铩羽而归。不过，令狐楚一直对他信赖有加，即便自己官职调动，也总想着给李商隐准备好考试所需的资财行装。这更令李商隐感动，他在心中默默发誓，一定要考中进士，才不负大家对他的期许，不负令狐楚老先生对他的恩情。

大和五年（831 年）的主考官是贾𫗧，而且一连三年都是贾𫗧主持科考。科考之中常有举子因得罪了考官而名落孙山的情况，所以李商隐觉得一定是贾𫗧不喜欢自己才会这样。一旦得罪了考官，那么想科举入仕，将是非常困难的。之后考官换成崔郸，不知什么缘故，崔郸也没有录取他。

不过，李商隐的才名渐渐远播，加上令狐楚的多番引荐，他虽然还未入官场，但对官场中那些举足轻重的人物他都渐渐有了了解，或慕名听闻，或有过一面之缘，或有幸结识为友。对于李商隐来说，如果说令狐楚是他科举入仕的第一个恩人，那么崔戎便是第二个。

崔戎时任华州刺史，算起来，与李商隐还有些亲戚。崔戎与李商隐的处士叔为重表兄弟，所以若是论及辈分，李商隐是崔戎的表侄。在李商隐年少的时候，崔戎还曾特意去找李处士,希望他能够积极入仕。那时候李商隐还是个十几岁的孩子,虽然处士叔没有听从他的建议,但却意外地与李商隐结下了一份缘。

此时的李商隐已经是个风度翩翩又才华横溢的年轻人,崔戎看到他格外高兴。他有两个儿子:长子名叫崔雍,次子名叫崔衮,兄弟二人正在读书,还没有科举入仕的年纪。他正打算把两个儿子和家族中的几个侄子送到华州南山去读书,得知李商隐科举失利,便邀请李商隐同去。李商隐欣然而往,在南山的清凉中度过了一个最美好的夏天,直到秋风渐起才回到华州城中。

崔戎非常喜欢这个年轻人,也想在科举仕途中好好地帮他一把。对于家境贫寒又准备靠科举入仕的李商隐来说,他最需要的莫过于一份稳定的收入和充足的学习时间。崔戎知道李商隐家里经济拮据,所以聘请他来做僚佐。但这份工作颇有点兼职的意味,他并不限制李商隐的办公地点,仅仅是有需要的时候让他代写几篇文章而已,俸禄是照常发放的。这样既能照顾李商隐,又不至于让他难为情。在这段时间,李商隐写了《华州贺圣躬痊复表》《贺皇躬痊复上门下状》《华州进贺皇躬痊复物状》等三篇文章,内容大体上差不多,都是关于唐文宗生病后康复的恭贺之文。

大和七年的冬天,李商隐回了郑州家中后,崔戎还特意派人去给李商隐家送了很多生活物资。李商隐非常感动,为此给崔戎写信说:

今早七弟远冲风雪,特迂车马,伏蒙荣示,兼重有恤费，谨依命捧受讫。某才不足观，行无可取，徒以四丈，顷因中外，最赐知怜。极力提携，悉心指教，以得内夸亲戚，外托友朋。谓于儒学，而逢主人，谓于公卿，而得知己。窃当负气，因感大言。岂谓今又获依门墙，备预宾客，礼优前席，贶重承筐。欲推让而不能，顾负荷而何力？傥或神知孔祷，师恕柴愚，玉真而三献不疑，女贞而十年乃字，麤（同"粗"）其率励，以报恩知。

伏惟特赐鉴察。

在这篇以"上崔大夫状"之名流传至今的信笺中，年轻诗人的感激之情似乎依然那么温热。

这世上从来不缺少锦上添花之人，但能雪中送炭的并不多。李商隐一生都感念着令狐楚和崔戎，他们是他青春时代的北极星，让他在那些困顿迷茫的日子里看到了希望，找到了属于自己的方向。

柳枝井上蟠，莲叶浦中乾

　　青葱岁月里，总有一些遗憾与爱情有关。虽然科考不顺，但李商隐的诗名已经渐渐远传。他的诗句听来令人心动，那些描写缠绵悱恻的爱情诗句，最能打动情窦初开的少女。

　　我们不知道当年有多少少女为李商隐的诗怦然心动，对她们也无从落笔着墨，但柳枝，却是不得不说的一位。

　　柳枝家住洛阳，与李商隐的一位堂兄李让山家离得很近。她的父亲是富商，乘船时遇到风波而意外亡故。她的母亲非常宠爱这个女儿，这一年，柳枝刚刚十七岁。她活泼灵动，落落大方，全无闺阁女子的扭捏之态，有时候摘一片嫩叶衔在红唇间，轻轻一吹，便音如天籁。她擅乐器，笙箫琵琶，皆不在话下。

　　有一天，李让山骑马路过柳枝家，看到她家南面有一棵大柳树，树冠葱茏，风景宜人，李让山款款下马，将马拴在了树下，然后拍拍衣襟，一面欣赏着周遭如画的景致，一面吟哦起堂弟李商隐的《燕台诗》来。"……衣带无情有宽窄，春烟自碧秋霜白。……"

　　彼时春光正好，细细碎碎的阳光透过柳叶的间隙在地上投出斑驳的影子。李让山并没有注意到，一个穿着漂亮襦裙、打着长长罗带的姑娘正在不远处，刚好听见他的吟哦。那些缠绵哀婉的句子如同投入湖心的石头，在少女心中荡起了层层涟漪。

柳枝听着《燕台诗》，不禁对诗的作者产生了无限的好奇与憧憬，于是追上李让山惊问道："这是谁的诗啊？是什么样的人能写出这样的好诗？"

李让山颇为自豪地答道："是我族中堂弟李义山啊。"

义山，义山……柳枝在心中反复念着这个名字，是的，她早就听过这个名字——李商隐，字义山，是个才华横溢的诗人。没想到，李义山竟然是李让山的堂弟，想到两人名字如此相像，她不禁恍然，之前竟没有注意到。柳枝早就想结识这位诗人，奈何无人引荐，现在看到眼前的李让山，她立即抓住机会，希望能让李让山帮忙求一首诗，而李让山也欣然应允。

既是求诗，总要有件信物，但柳枝并没有带什么可以拿得出手的信物。她的手不自觉地在衣袖里搜索了一番——空空如也，竟是连个香囊之类的小物件也没带。羞赧之间，她的手忽然触到了那条长长的罗带，立即喜上眉梢，用力一撕，便将罗带撕成两段，然后巧手翻动，将其中一段打成了一个漂亮的同心结交给了李让山。她的动作一气呵成，宛若行云流水，连李让山都看得痴了。

李让山当天便将这段奇遇告诉了堂弟，李商隐拿着那个精巧的同心结不禁满心希冀。他对她的憧憬与好奇，正如柳枝对他一样。于是第二天，他便和李让山一起骑马前往。

柳枝似乎预料到了他会来,早已精心地装扮了一番。她化了精致的妆,将一头乌黑的长发梳成可爱的丫髻发型,手里拿了一把纨扇,见到李让山与另一个年轻男子骑马而来,心下已经猜到了那年轻男子便是李义山,虽然她性子活泼,但还是难掩少女的羞涩。她用一只袖子半掩花容,问李让山道:"这就是你的堂弟李义山吗?"

李让山点头称是。

这是他们的初见,也是茫茫命途里唯一的交集。唐代社会风气开放,很多女子敢爱敢恨,柳枝虽然只是商人的女儿,却是个勇敢的姑娘。在中国古代漫长的岁月中,商人的地位总是很低的,即便是经济发达的唐代,商人依然处于社会底层,商人之后,社会地位与其父祖同样低贱。所以很多人猜测,义山或许是努力过的,甚至想过迎娶柳枝,但是遭到了家族人的强烈反对。这样的桥段,在传奇话本中上演了无数次,但并没有正史资料可以佐证,所以猜想只能是猜想。

柳枝勇敢地向李商隐发起邀约:"三天后我去河边踏青,不知先生能否同往?"

李商隐则欣然答应:"姑娘抬爱,小生一定前往。"

柳枝惊喜不已:"我前几日刚得了一个博山炉,届时定焚香以待!"

博山炉是一种精致的香炉,上面有又高又尖的镂空盖子,香炉呈重叠的山形,山间雕镂着各种飞禽走兽,象征着传说中的海上仙山——博山。李白曾为之赋诗"博山炉中沉香火,双烟一气凌紫霞",颇有仙人腾云之感,李义山曾修道问仙,或许是柳枝心下猜测,义山定然喜欢这种博山炉。

柳枝欢天喜地地回了家，开始精心准备三天后的约会，各种装束翻来覆去地试着，想了很多种在心上人面前留下好印象的方法。三天的时间一晃而过，那天晴空万里，河边水草丰茂、野花绽蕊，她从阳光晴暖的辰时等到烈日当空的午时。她想着，至午后，义山也该来了吧。然而一个时辰过去，又一个时辰过去，直到太阳西坠，直到红霞满天，她始终没能等到他。到最后，星辰像一颗颗摔碎的泪珠挂满天空，她还是没能等到他。她在心里为他解释：或许是他有事耽搁了，抑或是路上出了什么事。这样想时，她又不禁担忧起来。他会不会是遇到了强盗？会不会是马儿摔倒伤到了他？会不会是……

那么义山呢？他因何爽约？他的解释是"会所友有偕当诣京师者，戏盗余卧装以先，不果留"。好个调皮的朋友，竟然恶作剧地偷了他的行装先行离开了，以至于他不得不赶紧提前离开去追朋友，所以自然不能赴三日后与柳枝之约。

这个理由未免过于牵强，试想，哪个朋友愿意开这种玩笑？扛着自己的行李不说，还不嫌沉地把朋友的行李也扛了，只为一个恶作剧？这种恶作剧还真说不好是在"作"别人还是"作"自己。再推敲一番，假若真是朋友拿了义山的行李先走了，那么义山也可以先去告知柳枝，或者托人送信，不至于直接人间蒸发，音信全无。

也有一种可能，李商隐与朋友提到与柳枝的约会，朋友认为柳枝毕竟是商人之女，而李商隐家虽然贫寒，但也是书香门第，两人门不当、户不对，而且柳枝如此大胆地邀约他，只怕并非良配。朋友苦劝李商隐不要去赴约，但李商隐不听。

朋友也算出于好心，便将他的行李带走了，也许还会留下信笺劝他马上追去。行李中定然有李商隐非常重要的物什，李商隐只好赶紧起身去追朋友。

亦或许，义山没有赴约，只是因为他理智地看清了自己与柳枝没有未来。长痛不如短痛，与其将来深陷情网不能自拔、伤人伤己，不如现在就放手。

没过多久，柳枝被一个大官娶走。她的心中定然是不甘的，一个少女对爱情全部的期许，至此轰然瓦解，等待她的，是漫长的世态炎凉与成群姬妾的尔虞我诈。

美好年光，一旦辜负便无可回头。

后来义山从让山那里得知柳枝的消息，在愧疚与怀念中写下了《柳枝诗》五首，并在序中详细记录了这件事：

> 柳枝，洛中里娘也。父饶好贾，风波死于湖上。其母不念他儿子，独念柳枝。生十七年，涂装绾髻，未尝竟，已复起去，吹叶嚼蕊，调丝擪管，作天海风涛之曲，幽忆怨断之音。居其旁，与其家接故往来者，闻十年尚相与，疑其醉眠梦物断不娉。余从昆让山比柳枝居为近。他日春曾阴，让山下马柳枝南柳下，咏余燕台诗，柳枝惊问："谁人有此？谁人为是？"让山谓曰："此吾里中少年叔耳。"柳枝手断长带，结让山为赠叔乞诗。明日，余比马出其巷，柳枝丫鬟毕妆，抱立扇下，风鄣一袖，指曰："若叔是？后三日，邻当去溅裙水上，以博山香待，与郎俱过。"余诺之。会所友有偕当诣京师者，戏盗余卧装以先，不果留。雪中让山至，且曰："为东诸

侯娶去矣。"明年，让山复东，相背于戏上，因寓诗以墨其故处云。

五首《柳枝诗》如下：

其一
花房与蜜脾，蜂雄蛱蝶雌。同时不同类，那复更相思。
其二
本是丁香树，春条结始生。玉作弹棋局，中心亦不平。
其三
嘉瓜引蔓长，碧玉冰寒浆。东陵虽五色，不忍值牙香。
其四
柳枝井上蟠，莲叶浦中干。锦鳞与绣羽，水陆有伤残。
其五
画屏绣步障，物物自成双。如何湖上望，只是见鸳鸯。

义山与柳枝的相遇只有初见，没有后来。或许这样也不失为一种美好，那日杨柳青青、阳光缱绻，美好的时间与美好的人儿一起成为记忆中最美的遗憾，直到多年以后回想起来，依然面颊生香，也不必像那些始乱终弃的故事在苍凉的结局里感叹"人生若只如初见"。算起来，这是怎样的一种美好。

忆君骑马出城外，送我习业南山阿

大和八年（834年）的春天，李商隐在洛阳与柳枝相约，随后前往京城。爽约后的李商隐一直心有惭愧，也曾和人打探过柳枝的消息。不过京城中几乎没有人知道柳枝，直到秋去冬来，李商隐才从李让山那里知道柳枝嫁人的消息。

科考失意，爱情也失意，对李商隐来说，那段时间可谓人生低谷。他以为没有比这更令人伤心的，但后来岁月浮沉，年少时经历的这点挫折算什么呢？真正的苦难，都在更久远的后来。青葱岁月里，纵使有一些遗憾，也总是带着淡淡的甜。

李商隐的失落可想而知。但就算柳枝没有嫁人，只怕他也无法说服家族中人去迎娶一个商人之女。

大和八年对李商隐来说实在是个不友好的年头，在经历了爱情与事业的双重打击后，他又遭遇了最痛苦的生死离别。

这年春天崔戎接到了兖海观察使的任命。刚好李商隐再次科举落第，于是崔戎在劝慰李商隐之余，邀请他来做自己正式的幕僚。

于是李商隐随同崔戎一起去了兖州（今山东兖州）。五月端阳，他们一路风尘仆仆地赶到了目的地。原以为终于能安顿下来，万没想到，崔戎到任后仅仅一个多月，便忽然染上霍乱，没过几天便溘然长逝，年仅五十五岁。

这对李商隐来说实在是一个巨大的打击，如果崔戎没有这么早离世，李商隐后来的仕途必然不会那么坎坷。崔戎非常赏识李商隐，临终前，他特意委托李商隐为他代写遗表。李商隐写得非常用心，那篇《代安平公遗表》流传至今：

> 臣某言：臣闻风叶露华，荣落之姿何定；夏朝冬日，短长之数难移。臣幸属昌期，谬登贵仕，行年五十五，历官二十三。念犬马之常期，死亦非天；奈君亲之厚施，生以无酬。是以时及含珠，命余属纩，心犹向阙，手尚封章。抚躬而气息奄然，恋主而方寸乱矣。臣某中谢。
>
> 臣少而羁屑，长乃遭逢。常将直道而行，实以明经入仕。王畿作吏，非州府之职徒劳；侯国从知，愧军旅之事未学。宪宗皇帝谓臣刚决，擢以宪司；穆宗皇帝谓臣才能，登之郎选。悉霜威而无所摧拉，历星纪而有紊次躔。旋属皇帝陛下，大明御宇，至道承乾。澄汰之初，臣不居有过；超擢之际，臣独出常伦。高选掖垣，箴规未效。入居琐闼，论驳无闻。自去年秋，来典河关，兼临甸服，惟当静而阜俗，清以绳奸，粗致丰穰，幸逃谴责。岂意陛下谓臣奄有三县，未称其能；谓臣出以一麾，未足为贵。爰降纶绋，移之藩方，锡以海隅，与之岳镇。将吾君之骁果万计，使得总齐；联吾

君之牧伯三人，以居巡属。时虽相美，臣实深忧，既属圣恩，果遭鬼瞰。况臣素无微恙，未及大年，方思高挂馈鱼，不然官烛，成陛下比屋可封之化，分陛下一夫不获之忧。志愿未伸，大期俄迫。忽至今月十日夜，暴染霍乱，并两肋气注。当时检验方书，煎和药物，百计疗理，一无瘳除至十一日辰时，转加困剧，渐不支持。想彼孤魂，已游岱岳；念兹二竖，徒访秦医。对印执符，碎心殒首，人之判此，命也如何！恋深而乏力以言，泣尽而无血可继。臣某诚哀诚恋顿首顿首。

臣当道三军将士，准前使李文悦例，差监军使元顺通勾当讫。臣与顺通，近同王事，备见公才，假之统临，必能和协。其团练、观察两使事，差都团练巡官卢泾勾当讫。臣亦授之方略，示以规模。伏惟圣明，不致忧轸。臣精神危促，言词失错，行当穷尘埋骨，枯木容身，蝼蚁卜邻，乌鸢食祭。黄河两曲，长安几千。生入旧关，望绝班超之请；力封遗奏，痛深来歙之辞。回望昭代，不胜荒悒眷恋之至。谨差某奉表代辞以闻。

遗表是卒官的官员呈给皇帝的最后一份奏章，往往是由他人代写的。遗表中要简述自己做官的经历，由于自己不能继续效力，往往也会交代一下当地的政事安排，并且对皇帝表示感激。在这篇《代安平公遗表》中，李商隐以崔戎的口吻讲述了为官经历以及身染沉疴的情况，当李商隐写到"行年五十五，历官二十三"时，当是格外痛心的。后文中讲到染上霍乱的情况，"恋深而乏力以言，泣尽而无血可继"虽然是以崔戎的口吻在写，但字里行间也透露着代笔者的无限悲痛。这篇遗表无论从遣词用句上来看，还是从表达内容上来看，都堪称完美。

或许是此时过于悲痛，李商隐除了代写了一篇遗表外，应该并没有写其他诗篇去悼念崔戎（从流传下来的文献看），直到崔戎去世一周年之际，心情已经平复许多的李商隐才执笔作诗，写下了字字泣血的《安平公诗（故赠尚书讳氏）》：

丈人博陵王名家，怜我总角称才华。
华州留语晓至暮，高声喝吏放两衙。
明朝骑马出城外，送我习业南山阿。
仲子延岳年十六，面如白玉欹乌纱。
其弟炳章犹两丱，瑶林琼树含奇花。
陈留阮家诸侄秀，逦迤出拜何骈罗。
府中从事杜与李，麟角虎翅相过摩。
清词孤韵有歌响，击触钟磬鸣环珂。
三月石堤冻销释，东风开花满阳坡。
时禽得伴戏新木，其声尖咽如鸣梭。
公时载酒领从事，踊跃鞍马来相过。
仰看楼殿撮清汉，坐视世界如恒沙。
面热脚掉互登陟，青云表柱白云崖。
一百八句在贝叶，三十三天长雨花。
长者子来辄献盖，辟支佛去空留靴。
公时受诏镇东鲁，遣我草诏随车牙。
顾我下笔即千字，疑我读书倾五车。

呜呼大贤苦不寿，时世方士无灵砂。
五月至止六月病，遽颓泰山惊逝波。
明年徒步吊京国，宅破子毁哀如何。
西风冲户卷素帐，隙光斜照旧燕窠。
古人常叹知己少，况我沦贱艰虞多。
如公之德世一二，岂得无泪如黄河。
沥胆咒愿天有眼，君子之泽方滂沱。

"安平公"即崔戎，《新唐书·宰相世系表》中记载："戎为博陵安平崔氏大房，封安平县公。"因此敬称崔戎为"安平公"。崔戎去世后被追赠为礼部尚书，因此诗人在题注中说"故赠尚书"，"讳"为表示对死者的敬爱，不直接书写其姓名，以"讳"代之。

"丈人"即老人，是当时对老者的敬称，相当于现在常说的"老人家"。诗歌的开篇，诗人就向我们描述了一位慈爱又提携后辈的长者形象。在华州拜见他时，老先生欣喜于他的长大成才，一直留他在府衙中谈话，从朝阳初起的清晨，到红霞满天的黄昏，甚至"高声喝吏放两衙"，把下属们的参见都免去了。曾经得到如此赏爱，李商隐如何能不永远感怀于心呢？

往昔相处的一幕幕浮现于眼前："明朝骑马出城外，送我习业南山阿"，"公时载酒领从事，踊跃鞍马来相过"。他还记得崔戎骑马送他去南山读书时的场景，老先生对自己一次次的叮嘱，更是记忆犹新。崔戎的帮助与提携，李商隐始终感念在心。能够雪中送炭的人并不多，即便在他最落魄的时候，崔戎也从来没有放弃他，诗人慨然道："古人常叹知己少，况我沦贱艰虞多。"当李商隐写下这首诗时，崔戎已经去世一年了，但念及先生的离世，他依然悲痛不已，忍不住泪如雨下。在崔戎刚刚去世时，李商隐的悲痛可想而知。

　　府主去世，做幕僚的只能另谋出路，朝廷委派的下一任官员会选任自己的幕僚。李商隐只好回到郑州荥阳家中，准备第二年的科考。

孤鸿向何处

爱情与事业的挫败,加上敬爱之人的离世,这一连串的打击令李商隐伤怀不已。在这种心境中,李商隐写出了很多动人的诗篇,有独自感怀的,亦有与友人酬唱的。《夕阳楼》便是这段时间所作:

花明柳暗绕天愁,上尽重城更上楼。
欲问孤鸿向何处?不知身世自悠悠。

这首诗作于荥阳,除了感怀友人的遭遇,也有自伤之意。而这首诗背后的友人,便是牛李党争中的重要人物萧浣(一说萧瀚)。

大和六年(832年)的冬天,牛党遭遇了政治的滑铁卢,先是牛僧孺被罢相,之后是李宗闵被贬离京,牛党中的诸多首脑人物被贬被黜,其中也包括萧浣。萧浣被贬为郑州刺史,李商隐曾在令狐楚的引荐下与他相识,彼时他还是高高在上的朝廷命官,身边趋炎附势的不在少数,而李商隐与他也是泛泛之交。但在他被贬后,身边那些势利之辈避之犹恐不及,李商隐却有了更多的机会接近他。

官场之中，官员一旦被贬，就很可能牵连到其他人，与之交好的人尤为危险，因此官员被贬后，往往立即"门前冷落车马稀"，北宋苏东坡被贬黄州之初，甚至"平生亲友，无一字见及"。而李商隐却毫不避嫌，主动与萧浣往来，这令萧浣感动不已。锦上添花者到处皆有，而雪中送炭的能有几人呢？

李商隐便是这样一个性情中人，友情也好，爱情也罢，喜欢便是喜欢，什么出身、地位，他都不曾介怀。只是迫于世俗的条条框框的束缚，他常常不得不强迫自己做一些违心的事、讲一些违心的话，他自己是不情愿的，但在世俗面前，他别无选择。

他在诗中发问：那孤飞的鸿雁啊，你将去往何处？随即转念一想，自己不也正像这只茫然飞远的鸿雁一样吗？身世渺茫，不知道前路在何方。

他是在为萧浣而伤怀，同时也是为自己而伤怀。萧浣年纪很大了，对他来说，政治已经结束，而对李商隐来说，这才刚刚开始。萧浣希望能帮到李商隐，但此时的他已经是自身难保了，又何暇他顾呢？后来萧浣又被贬到更偏远的遂州（今四川遂宁）。开成元年（836年）的夏天，萧浣在遂州病故。李商隐得到消息后，还特意写了一首《哭遂州萧侍郎二十四韵》来哀悼他：

遥作时多难，先令祸有源。初惊逐客议，旋骇党人冤。
密侍荣方入，司刑望愈尊。皆因优诏用，实有谏书存。

苦雾三辰没，穷阴四塞昏。虎威狐更假，隼击鸟逾喧。
徒欲心存阙，终遭耳属垣。遗音和蜀魄，易箦对巴猿。
有女悲初寡，无男泣过门。朝争屈原草，庙馁莫敖魂。
迥阁伤神峻，长江极望翻。青云宁寄意，白骨始沾恩。
早岁思东阁，为邦属故园。登舟惭郭泰，解榻愧陈蕃。
分以忘年契，情犹锡类敦。公先真帝子，我系本王孙。
啸傲张高盖，从容接短辕。秋吟小山桂，春醉后堂萱。
自叹离通籍，何尝忘叫阍。不成穿圹入，终拟上书论。
多士还鱼贯，云谁正骏奔。暂能诛俊乂，长与问乾坤。
蚁漏三泉路，螀啼百草根。始知同泰讲，徼福是虚言。

写这首悼亡诗时，李商隐刚刚二十四岁，他运用了大量的典故，全诗娓娓道来，既表达了对萧浣的赞许，也抒发了自己的哀思。开篇的"遥作时多难，先令祸有源"，"多难""祸"暗指甘露之变。

"甘露之变"是唐朝历史上一次牵连甚广的大事件。大和九年（835年），受制于宦官的唐文宗与李训、郑注等策划谋杀把控朝政的宦官，以图夺回朝政大权。此时的朝廷党争不断，朝政大权又落于宦官之手，唐文宗是被宦官拥立登基的，他对宦官早已恨之入骨。这年的十一月二十一日，大朝会上有人奏报：金吾左仗院里的石榴树开花，竟有甘露降下，可谓奇观。

封建时代常常把一些特殊的自然现象看成是"天降祥瑞"，因此这理所当然地被大家看作是祥瑞之兆，已经做好计划的李训立即顺水推舟，请皇帝前去观看祥瑞。唐文宗于是派仇士良、鱼弘志等计划要铲除的宦官头目前去查验，而早已安排好的刀斧手正在等着他们到来。

如果这次谋划成功，也不失为一桩壮举，但遗憾的是，唐文宗用人不当，仇士良等宦官又极为凶残，这场谋划终究落败。宦官们进行了惨无人道的捕杀，王涯、舒元舆、贾餗及李训四位宰相被杀，其他被杀官员还有郑注、王璠、郭行馀、罗立言等人，很多人都是被株连九族，无辜丧命者数不胜数。不过，如果这场谋划成功，也未必就能从此河清海晏。李训、郑注两人主张铲除宦官，并非出于对朝廷的考虑，而只是出于自己的利益而已。历史上对他们的评价大多极尽贬斥，《新唐书》中言"李训浮躁寡谋，郑注斩斩小人"，司马光载"训、注小人，穷奸究险"，其他名家评价此二人也大多类此。

"甘露之变"爆发后，李商隐曾写过《有感二首》：

其一

九服归元化，三灵叶睿图。
如何本初辈，自取屈氂诛。
有甚当车泣，因劳下殿趋。
何成奏云物，直是灭萑符。
证逮符书密，辞连性命俱。
竟缘尊汉相，不早辨胡雏。
鬼篆分朝部，军烽照上都。
敢云堪恸哭，未免怨洪炉。

其二

丹陛犹敷奏，彤庭欻战争。
临危对卢植，始悔用庞萌。
御仗收前殿，兵徒剧背城。
苍黄五色棒，掩遏一阳生。
古有清君侧，今非乏老成。
素心虽未易，此举太无名。
谁瞑衔冤目，宁吞欲绝声。
近闻开寿宴，不废用咸英。

这两首诗中，作者表达了对李训、郑注的谋划不当的惋惜与对宦官仇士良等人强烈的指责。诗中引用了大量典故，如袁绍（字本初）与何进诛杀宦官的典故（如何本初辈）、刘屈氂因罪被汉武帝处以腰斩的典故（自取屈氂诛）、汉朝袁盎谏止汉文帝与得宠的太监同乘一车的典故（有甚当车泣），等等，表达了对宦官劫持天子、像屠戮盗贼一样屠戮朝廷命臣的愤慨。除了这两首诗，后来李商隐还写了一首《重有感》：

　　玉帐牙旗得上游，安危须共主君忧。
　　窦融表已来关右，陶侃军宜次石头。
　　岂有蛟龙愁失水？更无鹰隼与高秋。
　　昼号夜哭兼幽显，早晚星关雪涕收？

这首诗表达的情感与《有感二首》大体相同，希望天子能够早日消除宦官之祸，夺回权柄，朝廷能够云开见月明，风格上颇有点杜工部沉郁顿挫的诗风。可以说，李商隐是个三观很正的年轻人，在那种恐怖的政治氛围下，作为一个正在求取功名的读书人，还敢于如此写诗，是非常可贵的。在政治风波中，大多数人都会选择明哲保身，而李商隐却是逆流而上。这是他骨子里最可贵的真性情，然后也正是这种真性情，成为他后来仕途上的绊脚石。

在《哭遂州萧侍郎二十四韵》的开篇，李商隐写下"遥作时多难，先令祸有源"之句时，定然是又想起那场可怕的腥风血雨，对于穷凶极恶的宦官更是痛恨不已。"甘露之变"对萧浣的仕途也有着致命的打击，李商隐对萧浣的遭遇很是愤慨，在诗中回忆了萧浣任职时的尽职尽责以及政治功绩，而在萧浣被奸人陷害客死他乡后，"多士还鱼贯，云谁正骏奔"，朝中大臣在宫廷中进进出出，竟然没一个人为萧浣上书申冤，他不禁痛心疾首。

如果用世俗的眼光来看，李商隐写下这些诗时是不理智的，对于那些被贬黜的人，应该离他们越远越好，对于被贬又已亡故的，似乎更没有必要记挂了，写这些诗句，亡者不会知道，更不能对他的仕途有任何帮助，反而会引起那些当权者的忌恨。

但李商隐敢于去写，敢于将别人不敢说的话晒在太阳底下。纵观历史，但凡是这样耿直性情的人，大多会仕途坎廪，而这也是他"一生襟抱未曾开"的重要原因。

国家朝政的腥风血雨与个人前程的渺茫难测，令李商隐一度伤怀不已，也因此创作了许多感怀国家或感怀自身的诗

歌。"甘露之变"的第二年春天,李商隐写下了《曲江》:

> 望断平时翠辇过,空闻子夜鬼悲歌。
> 金舆不返倾城色,玉殿犹分下苑波。
> 死忆华亭闻唳鹤,老忧王室泣铜驼。
> 天荒地变心虽折,若比伤春意未多。

"甘露之变"前夕,时任工部尚书的郑注上奏说秦中有灾,应该兴建工程来祈禳,于是唐文宗命人淘曲江池和昆明池。"甘露之变"后,这项工程也随之废止。李商隐经过曲江池,想到曾经皇帝经常到这里游玩,而现在却再也看不到昔日皇帝出行的盛况,每至夜半,那些枉死的冤魂便在此哭泣。朝廷命臣无辜被杀,虽然春天已至,但唐王朝的春天却一去不返,诗人只能慨叹"天荒地变"摧折人心,这比伤春的哀恸还要沉重很多。

"甘露之变"后唐文宗改元"开成"。开成元年(836年)的科举考试虽然如期举行了,但是氛围异常肃杀。这一年的考试,李商隐依旧名落孙山。倍感挫败的年轻诗人收拾行囊,准备离开长安城。

临行前,已经官至左拾遗的令狐绹特意到驿馆来看望他,一面抚慰他的失落,一面鼓励他明年再考。令狐绹比李商隐年长,早在家馆一起读书时,令狐绹便时常像兄长一样关怀李商隐。此时令狐楚已经年至古稀,而且身体欠佳,但由于皇帝倚重,一直没能致仕还乡。令狐楚也多次叮嘱儿子要多照顾义山,他希望在自己离世后,他们二人能够彼此扶持,都能有个美好的前程。

看着这位昔日同窗,李商隐百感交集。他感恩于令狐父子对自己的抬爱,既羡慕令狐绹的青云直上,也为自己的困窘不前而焦虑。令狐绹离开后,大概是不放心李商隐,第二天又派人来送了一封言辞恳切的信,李商隐收到后大为感动,回信如下:

子直足下:行日已定,昨幸得少展写。足下去后,怃然不怡,今早垂致葛衣,书辞委曲,恻恻无已。自昔非有故旧援拔,卒然于稠人中相望,见其表得所以类君子者,一日相从,百年见肺肝。尔来足下仕益达,仆困不动,固不能有常合而有常离。足下观人与物,共此天地耳,错行杂居蛰蛰哉。不幸天能恣物之生,而不能与物慨然量其欲,牙齿者恨不得翅羽,角者又恨不得牙齿,此意人与物略同耳。有所趋,故不能无争;有所争,故不能不于同中而有各异耳。足下观此世,其同异如何哉?儿冠出门,父翁不知其枉正;女笄上车,夫人不保其贞污。此于亲亲,不能无异势也。亲者尚尔,则不亲者,恶望其无隙哉!故近世世道,几丧欲尽。

足下与仆,于天独何禀,当此世生而不同此世,每一会面一分散,至于慨然相执手,颦然相戚,泫然相泣者,岂于此世有他事哉。惜此世之人,率不能如吾之所乐,而又甚惧吾之徒孑立寡处。而与此世者踵尾纷然,蛆吾之白,摈置讥诽,袭出不意,使后日有希吾者,且惩吾困,而不能坚其守,乃舍吾而之他耳。足下知与此世者居常给于其党何语哉？必曰吾恶市道。呜呼，此辈真手搔鼻皻，而喉哆人之灼痕为癞者，市道何肯如此辈邪！

今一大贾坐滞货中，人人往须之，甲得若干，曰：其赢若干，丙曰：吾索之；乙得若干，曰：其赢若干，戊曰：吾索之。既与之，则欲其蕃，不愿其亡失口舌，拜父母，出妻子，伏腊相见有赘，男女嫁娶有问，不幸丧死有致馈，葬有临送吊哭，是何长者大人哉？他日甲乙俱入之不欺，则又愈得其所欲矣。回环出入如此，是终身欲其蕃，不愿其亡失口舌，拜父母益严，出妻子益敬，伏腊相见赘益厚，男女嫁娶问益丰，不幸丧死，馈赠临送吊哭情益悲，是又何长者大人哉？惟是于信誓有大期漫，然后骂而绝之，击而逐之，讫身而勿与通也。故一市人，率少于大贾而不信者，此岂可与此世交者等耶！今日赤肝脑相怜，明日众相唾辱，皆自其时之与势耳。时之不在，势之移去，虽百仁义我，百忠信我，我尚不顾矣，岂不顾已，而又唾之，足下果谓市道何如哉？

今人娶妇入门，母姑必祝之曰善相宜，则祝曰蕃息。后日生女子，贮之幽房密寝，四邻不得识，兄弟以时见，欲其好，不顾性命，即一日可嫁去，是宜择何如男子者属之邪？今山东大姓家，非能违摘天性而不如此，至其羔鹜在门，有不问贤不肖健病，而但论财货，恣求取为事。当其为女子时，谁不恨，及为母妇则亦然。彼父子男女，天性岂有大于此者耶。今尚如此，况他舍外人，燕生越养，而相望相救，抵死不相贩卖哉！细而绎之，真令人不爱此世，而欲往走远飚耳！果不知足下与仆之守，是耶非耶？

首阳之二士，岂蕲盟津之八百，吾又何悔焉！千百年下，生人之权，不在富贵，而在直笔者，得有此人，足下与仆，当有所用意。其他复何云云，但当誓不羞市道，而又不为忘其素恨之母妇耳。商隐再拜。

这封以《别令狐拾遗书》之名流传至今的回信，现在读来，依旧令人动容。此时的李商隐心中百感交集，有惭愧，也有愤慨，字里行间又流露出一股无可奈何的卑微感，"尔来足下仕益达，仆困不动"，令狐绹步步高升，而自己却困于科举场，几年来毫无作为，他深感有负令狐父子的厚望。也正因如此，他在这次落第后没有去向令狐绹告别。大概是想一个人沉默地离开，但没想到令狐绹亲自找到他，而后又写信给他。于是他心扉洞开，又是发牢骚，又是说气话，那时的他们的确是彼此引为知己，若是纵观岁月，在他们关系决裂后再看这封信，必然会叹惋不已。

这一年的李商隐刚刚二十四岁，但是对于世俗社会，他已经看透了很多。那些尔虞我诈、颠倒黑白的污浊之事，李商隐是如何也看不下去的。他们所在的文人圈子里，大多都是虚与委蛇、趋炎附势之辈，李商隐出身低微，幸得令狐家庇护，又兼博学多才，难免会被人嫉妒。有人嫉妒他的才学，也有人嫉妒他能得贵人相助，他们表面上恭维李商隐，背后却恶言相加。李商隐看清了这污浊的"市道"，"此辈真手搔齇，而喉哆人之灼痕为癞者，市道何肯如此辈邪！"那些长着酒糟鼻的人将别人的灼痕说成是癞疮，以抹黑他人的方式来刷一点可怜的存在感，何其可恨！

李商隐写诗歌、文章都很擅长用典，讲道理时则喜欢打个生动形象的比方，即便是这种家常书信，他也自然地流露出了这个特点。他以女子婚嫁来比喻读书人科考入仕。女孩子从小受到父母的宠爱，但是到谈婚论嫁的时候，却没有自己的选择权，父母总是将门第财产作为首要的衡量标准，而不去顾及女儿的感受。等到十年媳妇熬成婆，"当其为女子时，谁不恨，及为母妇则亦然"，昔日的女儿也将要为自己的女儿择婿时，却也是只看门第财产，悲剧就这样周而复始。

官场之上，也正是如此，那些没做官的读书人以为自己能够一生纤尘不染，一旦做了官，却很快就被污浊的官场所同化。率真的诗人甚至说气话道："细而绎之，真令人不爱此世，而欲往走远飏耳！"困顿之时，谁都会有那么个一瞬间想要放下一切、远走天涯的冲动，但理性总会战胜感性，激动牢骚后，心情平静下来，反而会为此前的癫狂而羞赧。年轻的诗人发誓，等自己步入官场，决不做那种压迫后人的"母妇"，他向令狐绹发问："果不知足下与仆之守，是耶非耶？"年少读书时，他们曾约定：待将来步入官场，要匡扶天下、并肩作战，做永远的好朋友、好兄弟。可是现在，他却屡试不第，貌似对自己的坚守有所动摇，但正是因为不可动摇，才敢于如此发问。

书信的结尾，李商隐又引用伯夷叔齐义不食周粟饿死于首阳山的典故来再次明志——他要守住本心，即便也落得"饿死"的下场，他也无悔此生。"千百年下，生人之权，不在富贵，而在直笔者"，"直笔者"即书写历史的人，李商隐相信历史是公正的，就算那些"手搔鼻齅"之人诋毁自己，时间也会给一切以答案，就算明珠蒙尘，也总有守得云开见月明的那一天。

当令狐绹读到这封信时是何感受？我们不得而知，但从他之后对李商隐的极力扶助来看，读到这封信时定是非常动容的。父亲令狐楚已经年迈，他也一直希望能看到李商隐进士及第。而作为至交好友，他当然也希望李商隐能够早日考中进士。

在令狐绹的劝慰下，李商隐回家稍作调整，没过多久又回到京城，为开成二年（837年）的科举考试做准备。

艰难行卷路

唐代的科举考试并非直接报名参加考试即可，需要先向达官显贵"行卷"，以求得到推荐提携。行卷的过程，一般是写诗或者文章给对方，这种诗一般称为"干谒诗"。要想得到对方的推荐，自然是需要好好地自我推销一番，一般也会对对方大加赞美。但无论是推销自己还是赞美对方，都不可超过一个限度：如果推销自己超过了限度，就有自夸自大之嫌；如果赞美对方超过了限度，就会有阿谀奉承之嫌。有些聪明的诗人把干谒诗写得非常巧妙，不仅在当时名噪一时，更是穿越千古岁月，成为至今流传的经典，如朱庆馀写给张籍的干谒诗《近试上张水部》：

洞房昨夜停红烛，待晓堂前拜舅姑。
妆罢低声问夫婿，画眉深浅入时无？

这首诗如果不考虑背景，似乎就是写新娘要见公婆的场景，但结合背景便知，诗人是将自己比作那忐忑不安的新娘，把张水部（大诗人张籍，时任水部员外郎）比作夫婿，而"舅姑"则是要主持考试的考官。这首巧妙的诗令张籍非常喜欢，他回复的《酬朱庆馀》也非常巧妙：

越女新妆出镜心，自知明艳更沉吟。
齐纨未足人间贵，一曲菱歌敌万金。

他顺势将朱庆馀比作那婀娜娇俏的少女，称赞少女的美貌，即是称赞朱庆馀的才华。于是在张籍的极力推荐之下，朱庆馀高中进士。

传为经典的干谒诗还有很多，在情感表达上无外乎推销自己和赞美对方。李商隐这次考试前是向崔龟从行卷的，崔龟从之前在朝中担任中书舍人，不久前刚改任为华州防御使。李商隐的《上崔华州（龟从）书》写得非常中肯：

中丞阁下，愚生二十五年矣。五年读经书，七年弄笔砚，始闻长老言，学道必求古，为文必有师法。常悒悒不快，退自思曰："夫所谓道，岂古所谓周公、孔子者独能邪？盖愚与周孔俱身之耳。"以是有行道不系今古，直挥笔为文，不爱攘取经史，讳忌时世。百经万书，异品殊流，又岂能意分出其下哉。

凡为进士者五年。始为故贾相国所憎，明年病不试，又明年复为今崔宣州所不取。居五年间，未尝衣袖文章，谒人求知，必待其恐不得识其面，恐不得读其书，然后乃出。呜呼！愚之道可谓强矣，可谓穷矣。宁济其魂魄，安养其气志，成其强，拂其穷，惟阁下可望。辄尽以旧所为发露左右，恐其意犹未宣泄，故复有是说。某再拜。

二十四岁的李商隐未脱青涩，他有自己的骄傲，但是在世俗面前，却又不得不暂时放下那份骄傲。写这封信时，他定然是矛盾的，他不想像其他举子一样阿谀奉承、卑微乞怜，全文中处处流露着一股傲娇的小情结，也没有按照干谒文的常见套路那样去奉承对方。他先是毫不谦虚地讲了自己"五年读经书，七年弄笔砚"的少年勤学经历，又讲了自己"夫所谓道，岂古所谓周公、孔子者独能邪？盖愚与周孔俱身之耳"的不同流俗的观点。这在干谒文里可以说是大忌，竟敢拿自己去比周公、孔子这样的圣人，该是多么轻狂！在他看来，周公、孔子也不过是和自己一样有着血肉之躯的凡人，既然他们可以参透"道"，那么自己又有何不可呢？

其实在今天看来，李商隐能有这份思想是非常可贵的，但在那个禁锢思想的年代，李商隐这样说当然是不会被认可的。试想崔龟从在读到这里时，看到一个名不见经传的晚辈竟然有如此大的口气，而且又对自己毫不奉承，该作何感想？

之后李商隐又大致讲了自己为考取进士已经花了五年时间的经历。之所以不被录取，他认为是"为故贾相国所憎""为今崔宣州所不取"，言语之间，颇有怨怼，尤其是直接点出那两位考官——贾相国（贾𫗧）、崔宣州（崔郸）。这时的李商隐还是个不谙世事的青年，谁知道崔龟从与他们有没有交情呢？李商隐在给一个并不相熟的人写信时尚且这样耿直，平时的言谈更是可想而知。只是一颗赤子心，在那个污浊混乱的时代并没有能供其生长的干净土壤，究其一生，他都是孤独的。

李商隐还提到"居五年间，未曾衣袖文章，谒人求知"，也就是在此前的考试中，李商隐没有找人推荐自己。能看出这个年轻人的确是在努力地让自己世俗一些，希望能够得到崔龟从的赏识，只是这样的奉承显得有些笨拙。他实在是不够圆滑，好不容易说个谎，却说得漏洞百出。在那个年代，参加科举考试的读书人或许在前一两次考试的时候因为不知道规矩或者过于清高而不向他人行卷，但在见证了残酷的现实后，都会乖乖地去行卷，即便是骄傲如杜工部，也曾有过"朝扣富儿门，暮随肥马尘"的经历。李商隐说自己在五年的时间里从未向他人行卷，别说混迹官场多年的崔龟从不会相信，但凡是有一点阅历的人都不会相信。当崔龟从看到这句话时，说不定嘴角还扬起一丝冷笑。

那时的李商隐一定不会想到，几年后当他处于弘农尉任上时，竟也有举子来向他行卷了。那名举子姓陶，他在回信中说："而比有相亲者曰：'子之书，宜贡于某氏某氏，可以为子之依归矣。'即走往贡之，出其书。乃复有置之而不暇读者；又有默而视之，不暇朗读者；又有始朗读，而终有失字坏句不见本义者。进不敢问，退不能解，默默已已，不复咨叹。"

李商隐实在是个率真的人，对一个素未谋面的举子竟如此袒露心扉，将自己曾经科考的辛酸经历和盘托出。他回忆说："那时有关系亲近的人告诉我：'你的书信应该投献给某氏某氏，那人可以成为你的依靠。'于是我赶紧跑去向人家行卷，

李商隐诗传 | 89

把我的文章给人家看。人家有的没有时间看，有的随便看一眼就丢到一旁，没有仔细朗读，有的仔细朗读了，却又有些字句人家看不懂。"

李商隐写诗文喜欢借用典故，那些读书不多的人看到李商隐的诗文，简直是如堕五里雾中。李商隐对自己的诗文向来是非常自信的，在向那些学识不高的达官贵人行卷时，年轻的李商隐定然是心里带着些鄙夷的。可气又可叹的是，那些看不懂李商隐诗文的人并不认为这是自己的问题，反而认为是因为李商隐写得不够好。

无论如何，从《与陶进士书》中来看，崔龟从绝不是李商隐行卷的唯一对象。杜工部有诗云："王杨卢骆当时体，轻薄为文哂未休。尔曹身与名俱灭，不废江河万古流。"那些曾经不看好李商隐的达官显贵，也终究是身与名俱灭，时间会给一切以最好的答案。光芒万丈的人，不会一直被阴霾所遮蔽。

李商隐的这封信与一同呈送的诗文犹如石沉大海，没有得到丝毫回音。

令狐楚老先生年纪大了，身体也日渐不佳，李商隐不想去打扰他。如果崔戎老先生还在，一定能够帮到他。念及崔戎在世时对自己的照顾，李商隐百感交集。崔戎的两个儿子崔雍和崔衮也在准备着科举考试，虽然兄弟二人年纪比自己小一些，但曾经同窗读书，三个人也结下了深厚的友谊。有一次夜宿骆氏亭，他想到崔氏兄弟，写了一首《宿骆氏亭寄怀崔雍、崔衮》：

竹坞无尘水槛清，相思迢递隔重城。

秋阴不散霜飞晚，留得枯荷听雨声。

彼时已是深秋，天上铅色的阴云重重叠叠，冰凉的雨丝落入荷塘。荷塘里早已没有了盛开的荷花，只剩下一片枯萎的残荷，叶子与莲蓬都是一片萧条，雨点落在残荷上，发出细微的声响，那声音在静静的夜幕里显得格外清晰。此时李商隐与崔氏兄弟已经好久没有联系了，他们之间隔着迢递高城，这份思念就像无边的秋雨，打湿了寂寞的残荷，也打湿了诗人的心。

曹雪芹在《红楼梦》第四十回中写到过这样的情节：众人游湖，在看到残破的荷叶时，贾宝玉说应该把荷叶拔掉，林黛玉说道："我最不喜欢李义山的诗，只喜他一句：'留得残荷听雨声。'偏你们又不留着残荷了。"

我们姑且不论林黛玉为何将"枯"改为"残"，曹雪芹借林黛玉之口说出只爱这点睛之笔，自然是有道理的。枯荷听雨，唯有亲临这样清冷的境界，才能写出这样清冷的诗句来。李商隐的诗大多缱绻悲情，往往哀而不伤，林黛玉怎会不喜欢呢？或许正是因为太懂得、太喜欢，就像是从自己心灵的缝隙里泻出的一样，那诗句中隐含的痛，反而令她不忍直视，只能以"不喜欢"进行回避，但是这一句"留得枯荷听雨声"却是避无可避，虽然是写景，却情在景中，林黛玉喜欢，更有千千万万的读者喜欢。

诗人是感性的，很容易见一花而喜，见一叶而悲。李商隐将许多不如意都糅进笔墨里，那些传唱至今的诗篇中，有太多隐晦的泪。唯有在文字的世界里,他才是真正自由的,虽然世界混沌,但他以为文字的世界是清明澄澈的,因而在创作诗文时,总是像一杯清水一样透明,对自己的爱憎悲欢从不掩饰。在第一次科举落第后,李商隐还曾写过一首《初食笋呈座中》:

嫩箨香苞初出林,於陵论价重如金。
皇都陆海应无数,忍剪凌云一寸心。

那是一个有多名官员与社会名流参加的宴席,行酒令时,总免不了写诗助兴。宴席中有一道菜是蒸笋,李商隐看着那白嫩的笋,不禁联想到自身。竹笋本可以长到高可凌云,可现在却被人采挖,成为了诸君口中的美食。而自己又何尝不是那鲜嫩的笋呢?因为向上的路总是被人堵死,空有凌云志,却不能得到施展的机会。

"嫩箨香苞初出林,於陵论价重如金。"李商隐家境清寒,对于贵重之物也难免敏感一些。他直言说:这样刚刚采挖的新鲜嫩笋,在於陵(今山东邹平东南一带)可是非常昂贵的。"皇都陆海应无数,忍剪凌云一寸心。"在物产丰富的都城长安,各种美味佳肴应有尽有,又何必为了口腹之欲吃掉这原本能长到高可凌云的竹笋呢?

正在享用美味的诸公在听到这首诗时,心情该是如何?这么美味的蒸笋,是吃还是不吃?李商隐诗中的含义,他们不可能听不懂,但在那样的社会氛围之中,他们并不愿意向这个没有家世背景的年轻人伸出援手,甚至觉得他的诗搅扰了自己的好心情。

在那个年代，能够像白居易、令狐楚、崔戎等贤明之士一样不以出身论人才的并不多。能跻身那个宴会的基本都是出身世家的名流，像李商隐这样的寒门子弟能够在列，已经算是幸运了。

李商隐希望能够得到社会的认可，希望考官能给自己一个机会。家境出身是他不能选择的，要想得到他人赏识，他只能凭借才华。但偏偏在那些王公贵胄眼中，家庭背景、人脉关系才是最重要的。有人提起李义山如何才高八斗，他们总要问一句：这个李义山，父亲是谁？祖父是谁？在听到一个从未听过的名字时，他们或摇头叹息，或轻蔑一笑。于是李商隐的科举之路便因一句话而被堵死了，他只能为社会的不公正而愤慨。而后来李商隐得以进士及第，也是因为一句话，挚友令狐绹的一句话。

第四章

政治旋涡：仕途困顿，幸得佳人

天子门生

开成二年（837年）的正月二十四日，当进士科金榜贴出时，二十五岁的李商隐终于名列其中了。

李商隐欢喜不已，他以为是终于遇见了伯乐，以为是自己的才华终于得到了认可。然而很快，他便被泼了一盆冷水——他之所以能够考中，不是因为他的才华，更不是因为他向崔龟从行卷，而是因为好朋友令狐绹的一句话。

这年的主考官高锴与令狐绹是旧交，有一次早朝后，高锴拉住令狐绹问他说："今年参加科考的读书人中，谁和你交情最深厚啊？"

令狐绹想都没想，直接回答道："是李义山。"

"你确定吗？叫李义山？"高锴又问了一遍。

"对，李商隐，字义山。"令狐绹斩钉截铁。

"我最后确认一遍，是李商隐，对吧？"

"正是，义山是我最好的朋友，文章也写得很好，还望考官大人仔细看他的文章，可别埋没了人才。"

令狐绹的这句话起了决定性作用，在确定李商隐是令狐绹最好的朋友后，高锴已经在心里决定要录取李商隐了，虽然那时他还没有看到李商隐的文章。

期盼了那么久的进士及第，没想到竟这样决定于一个人的一句话，李商隐知道真相时，虽然对令狐绹分外感激，但感激之余，总带了许多失落。多年以后，同样不得赏识的晚唐才子杜荀鹤以宫怨的口吻写道："承恩不在貌，教妾若为容。"宫中妃子能够得到皇帝的宠爱往往不在于娇美的容颜，那么臣妾梳妆打扮又有什么用呢？读书人的才华，犹如女子的美貌，如果做官凭借的不是才华，那么我纵然学富五车，又有什么用呢？

此时李商隐不曾读到"承恩不在貌，教妾若为容"之句，否则心中定会激起无限的共鸣。

但无论如何，总归是尘埃落定、光耀门楣了。接下来是一系列的活动，除了向家中报喜、接待亲朋的道贺外，还有官方的许多活动，如叙同年、曲江宴游、雁塔题名、瞻佛牙等。

这一年，主考官高锴一共录取了四十名新科进士，其中包括李商隐。这是漫长历史中平凡的一年，但对于李商隐来说却是人生中非常重要的一年。进士及第后，很多曾经轻视过他的人赶来攀附，他敏感地觉察到了什么叫趋炎附势，他对那些锦上添花的人报以礼貌性的微笑，但心里始终记得那些曾经为他雪中送炭的人。遗憾的是崔戎老先生已经去世，没能看到他身穿进士袍的样子，他只能向黄泉碧落祭一杯酒，聊慰心中永远无法释怀的怅然。令狐楚身体已经很不好了，他还在兴元府（今陕西汉中）担任着山南西道节度使的重任，令狐绹已经成家立业、步入官场，不能随时在身边照应，令狐绪虽然在身边，但近来身体染病，需要休息。得知李商隐已经进士及第，令狐楚为他高兴不已，正好自己这里缺人手，便写信给李商隐，邀请他到自己这里来任职。

李商隐感念令狐楚老先生的知遇之恩，打算忙完这些应酬的事情就到汉中兴元府去，但是母亲年纪也大了，他离开家这么久，不知道母亲现在身体如何，去往汉中之前，总要回趟家。此前，他在知道自己金榜题名后便给老先生写了一封信，一面报喜，一面也表达了自己对令狐家的无比感激之情：

> 今月二十四日礼部放榜，某徼幸成名，不任感庆。某材非秀异，文谢清华，幸忝科名，皆由奖饰。昔马融立学，不闻荐彼门人；孔光当权，讵肯言其弟子？岂若四丈屈于公道，申以私恩，培树孤株，骞腾短羽。自卵而翼，皆出于生成；碎首糜躯，莫知其报效。瞻望旌荣，无任戴恩陨涕之至。

无论是写诗还是作文章，李商隐都喜欢引用各种典故，即便是一封普通的信，也总是写得文采斐然。信的开篇，他便表示：我并非什么栋梁之材，只是有幸得到您的提携才能榜上有名。接下来，他又列举了马融和孔光的故事，"昔马融立学，不闻荐彼门人；孔光当权，讵肯言其弟子？"昔年一代大儒马融桃李满天下，却不曾听说他推荐自己的门人；孔光当权时，也不曾举荐自己的弟子。李商隐以马融和孔光来反衬令狐楚，话语之间满是感激。经过许多次卑微的行卷后，

李商隐诗传 | 99

李商隐更加感念令狐楚老先生对自己的厚爱,在这种"承恩不在貌"的社会风气中,还肯不计名利、不计回报地提携青年才俊的,实在是太少了。

对令狐楚的大恩,李商隐表示即便是"碎首糜躯"也难以报答。写下这些文字时,李商隐心中满是激动与感恩,后来又收到令狐楚的聘请,他更加感激不已,只想着快点忙完手头上的事情,好前往兴元府。然而人生长恨,总有许多未知无法预料,生活刚刚好转的年轻诗人还不知道,等待他的又将是一场痛苦。

死别

对于李商隐来说，令狐楚是长辈，是伯乐，是恩师，也是知己。早年得到令狐楚的教诲与提携，他始终感恩于心。十七岁那年入令狐楚幕府，在得到令狐楚的亲自指点后，他曾写过《谢书》一诗：

微意何曾有一毫，空携笔砚奉龙韬。
自蒙半夜传衣后，不羡王祥得佩刀。

一、二句大意说：承蒙先生教诲，成为幕僚本是要做些工作的，可您却让我学习写文章，还亲自指点，我丝毫都不曾报答您，心中惭愧不已。三、四句中运用了东汉末年王祥得到吕虔赠送佩刀的典故，来表达对令狐楚的感激之情——令狐楚亲自教他写章奏，使他掌握了写作今体文的要领，这份教诲之恩，胜过王祥所得到的佩刀。

令狐楚的知遇之恩，李商隐永远铭记于心。

按照唐代的规定，考中进士后还需要经过吏部举行的关试，通过关试后，吏部还会举行其他的考试，考生们根据自己的需求报名参考，通过者才能委任官职。通过进士科的考试叫作"及第"，通过吏部的授官考试叫作"登科"。吏部的授官考试种类较多，如博学宏词科、贤良方正科、书判拔萃科、详明吏理科等，每年开设的科目也不尽相同。因此，李商隐除了参加各种应酬活动，还要准备吏部的关试。三月七日，李商隐顺利通过关试，而后又是一些应酬。还没来得及回家，令狐楚再次来信，问他关试如何，并希望他能早点到汉中去，回到令狐幕府继续任职。李商隐还有一些事情没处理完，又想先回趟家，便回信说：

前月七日，过关试讫。伏以经年滞留，自春宴集，虽怀归若无其长道，而适远方俟于聚粮。即以今月二十七日东下。伏思自依门馆，行将十年；久负梯媒，方沾一第。仍世之徽音免坠，平生之志业无亏。信其自强，亦未臻此。愿言丹慊，实誓朝暾。虽济上汉中，风烟特异；而恩门故国，道里斯同。北堂之恋方深，东阁之知未谢。夙有感激，去住彷徨。彼谢掾辞归，系情于皋壤；杨朱下泣，结念于路歧。以方兹辰，未偕卑素。况自今岁，累蒙荣示，轸其飘泊，务以慰安。促曳裾之期，问改辕之日，五交辟而未盛，十从事而非贤。仰望辉光，不胜负荷。至中秋方遂专往，起居未间。瞻望旌旄，如阔天地。伏惟俯赐照察。

"北堂之恋方深，东阁之知未谢"，正是此时李商隐所纠结矛盾的。"北堂"指代母亲，"东阁"指代令狐楚，他既想回家去看望母亲,又想前往汉中去施展才干来回报令狐楚的恩情。

长安城的大小事宜忙完后已经是暮春时节,李商隐终于回了老家,好几个在长安新结识的朋友——尤其是同榜中第的同年(古代科举考试同科中第者互称"同年")们,都来为他送别。其中有一位叫韩瞻的,与李商隐相交甚笃。

在杨柳掩映的灞桥,大家写诗作别。那个年代交通不便,这一别,再见面就不知道是何时了,加之暮春时节,落花纷纷,大家都有些感伤。朋友们折下几枝柳条送到李商隐手上,"柳"谐音"留",表示惜别之意,折柳送别也是当时盛行的习俗。

李商隐劝慰大家不必感伤,并写下了《及第东归次灞上却寄同年》一诗:

芳桂当年各一枝,行期未分压春期。
江鱼朔雁长相忆,秦树嵩云自不知。
下苑经过劳想象,东门送饯又差池。
灞陵柳色无离恨,莫枉长条赠所思。

回到家中时已经是四月。此前好几次铩羽而归,有人安慰,也有人暗地里幸灾乐祸,这一次回家,也算是衣锦还乡,终于能光耀门楣了。家族中的远近亲属都来祝贺,左邻右舍也纷纷来道喜,就连此前曾对他明嘲暗讽的人也赶来巴结,李商隐再一次见识到什么是世态炎凉。

应酬自然是少不了的,母亲年纪大了,这些年含辛茹苦

李商隐诗传 | 103

地将孩子们养大,实在是不容易,老人家的身体已经大不如前,虽然弟弟羲叟和弟妹把母亲照顾得很好,但李商隐毕竟是家中长子,他希望能多陪陪母亲,多尽一些孝道。这些年来照拂过自己家的亲朋,他也要挨家去看望,以表达感激之情。

李商隐刚回家时,弟妹已经身怀六甲,加上李商隐进士及第,家里可谓双喜临门。李商隐之所以等到秋天才前往汉中,大概也是想等到弟妹临盆,看一眼家里的新成员。后来弟妹生了个女儿,母女平安,李商隐这才放下心来。家里为她取了个乳名"寄寄",看着这小小的生命,李商隐兴奋不已。

转眼夏去秋来,李商隐终于把家里的诸多事务安排妥当。令狐楚再次来信催他前往,李商隐得知此前染病的令狐绪已经痊愈,心中非常高兴,还特意写了一封信道贺:

> 伏承博士七郎自到彼州,顿瘥旧疾,无妨步履,不废起居。某顷在东郡,久陪文会,尝叹美疹,滞此全材。今则拜庆之初,累岁之拘挛顿释;承欢之始,一朝而跪起如常。……

李商隐本来还想再多陪陪母亲,但是收到令狐楚的信后,家里人也开始催促他早日去上任。李商隐只好快速地处理了剩下的一些事情,打点好行囊,带着家里人无限的期许前往汉中。

然而李商隐不知道,令狐楚之所以接连催促他启程,是因为身体实在支撑不住了。此时已经是落叶纷飞的深秋时节,虽然万物凋零，但李商隐并没有像往年那样觉得感伤。在路过圣女祠时，他甚至大有闲情雅致地参观了一番。

圣女祠里有一座雕琢非常精美的圣女像——裙裾飞扬，嘴角含笑，头上还戴着精美的双燕玉钗。看到这么美的神像，李商隐不禁浮想联翩。仙女应该是住在天宫的，不知道什么时候能回到人间来呢？

此前李商隐应该娶过亲，至少名义上是有过一位妻子的，否则他不会在后来提到娶妻王氏时用"别娶"二字。那位妻子很有可能过早亡故，李商隐与她的感情应该并不深笃，因此在他的许多传世书信中并未提及。早年学道时与女冠的那段爱情始终刻在诗人心上，年轻诗人总是充满浪漫主义情怀，看到圣女祠里如此婀娜的神像，联想到心中挂念的姑娘，竟看得有些痴了。于是他拿出随身携带的笔墨纸砚，一首《圣女祠》一挥而就：

> 松篁台殿蕙香帏，龙护瑶窗凤掩扉。
> 无质易迷三里雾，不寒长着五铢衣。
> 人间定有崔罗什，天上应无刘武威。
> 寄问钗头双白燕，每朝珠馆几时归？

在那个年代，有几人敢对着神像浮想联翩？当这首诗流传开来，便有一些迂腐者痛斥李商隐亵渎神像，但千余年逝去，"尔曹身与名俱灭"，李商隐的诗却依然如明珠般熠熠生辉。

这一路，李商隐想了很多见到令狐楚后要做的事。承蒙

李商隐诗传 | 105

老先生抬爱，他这个出身寒微的读书人才能有今日。他要好好佐助令狐楚，帮他把每一件事情都打理得井井有条。帮老先生拟定表文是少不了的，只是不知道他到达兴元府后拟写的第一篇表文是什么样的呢？他一定会竭尽所能，把表文写得中肯又文采飞扬。有时候想着想着，他会情不自禁地嘴角上扬，脚步也越发轻快。然而他不知，等待他的，将又是一场铭心刻骨的生死离别。

见到令狐楚时，老先生已经形容枯槁，再不似往昔的精神矍铄。看到病榻上的恩人，李商隐先是震惊，而后是悲痛。

此前，令狐楚也曾向朝廷请求告老还乡，但都被驳回了，这一次，他必须再次请求回京城就医，朝廷自然也没有不允许的道理。

李商隐来不及休整，赶紧铺纸研墨，帮令狐楚拟写了《为彭阳公兴元请寻医表》：

臣某言：臣闻长育之功，允归于天地；疾痛所迫，必告于君亲。是以今月某日，窃献表章，上干旒扆，备陈旧恙，当此颓龄，乞解藩维，一归京辇。衰羸则甚，战灼犹深，臣某中谢。……

李商隐没有想到，自己想象了无数遍的在抵达兴元府后帮老先生拟写的第一篇表文，竟然是辞呈。

然而，令狐楚已经等不到朝廷的批准了，他的病情急剧恶化，如果能再早些时日，或许还能硬撑着回长安，但是现在，他的身体犹如风中残烛，再也经不起任何跋涉了。

令狐楚有每天吟诵诗文的习惯，直到临终前三天，依然坚持吟诵诗文，家中上下以及前来探望的人无不为之动容。令狐绹也赶过来了，家族中的很多子弟及其门生故旧赶到兴元府，只为见老先生最后一面，也有人还在赶来的路上。

　　李商隐和令狐绹、令狐绪兄弟一起侍奉于病榻前，犹如亲儿子一样。到十一月，令狐楚状况越来越不好了。初八这一天，令狐楚稍能进食，似乎好了一些。他赶紧召集家人和下属，一一叮嘱后事。

　　他叮嘱家人，自己的葬礼要一切从简，绝不可铺张浪费，甚至不需要谥号、不要请吹鼓手。另外还有一件非常重要的事，就是拟写向朝廷递交的遗表。《新唐书·令狐楚传》中记载："（令狐楚）疾甚，自力为奏谢天子，其大要以甘露事诛谴者众，请霁威，普见昭洗。"但是令狐楚传世的遗表为李商隐代拟，由此推断，令狐楚应该是自己拟定了一部分遗表的内容，但是由于体力不支，剩余内容只能交给李商隐代拟。而令狐楚拟定的这部分，正是他最放心不下的事情。"甘露之变"后，有太多臣子被诛杀或贬黜，他希望皇帝能够恩泽天下，对朝臣多加抚恤。

　　开成二年（837年）十一月十二日，令狐楚于汉中兴元府去世，享年七十二岁。老先生一生刚毅要强，去世时竟是以坐姿与家人永诀。令狐绹、令狐绪、李商隐等皆恸哭不已，据说那天夜里有一颗大星轰然陨落。

　　李商隐代拟了遗表，将令狐楚老先生没有写完的遗表内容也写进表文：

臣某言：臣闻达士格言，以生为逆旅；古者垂训，谓死为归人。苟得其终，何恒于化，臣永惟际会，获遇升平，钟鼎之勋莫彰，风露之姿先尽，虽无非大数，亦有负清朝。今则举纩陈词，对棺忍死，白日无分，元夜何长。泪兼血垂，目与魂断。……

之后，令狐绹等家属扶柩回京，李商隐以从事的身份遵子侄之礼同行。那个冬天似乎异常寒冷，临近年关，别人家都在为过年而欢天喜地地准备着，而他们却一路凄怆，脚下的碎玉乱琼里不知融入了多少眼泪。

后来令狐楚被朝廷追赠为司空，谥号为"文"。对于李商隐来说，这又是一场转折，如果令狐楚没有在这个时候去世，李商隐后来的仕途也不至于那么坎廪，与令狐绹也不至于反目。崔戎、令狐楚这两位恩人的先后离世，对李商隐来说是两次沉重的打击。或许命运就是要磨砺他的意志，让他在"国家不幸诗家幸"的凄楚岁月中，悟得诗的真谛。

依依过村落，十室无一存

奔赴汉中时心情有多愉快，离开汉中时心情就有多悲痛。李商隐一道与令狐绹等人身着孝衣，扶着令狐楚的灵柩翻过大散岭，北渡渭水。

此时已经是十二月，天气异常寒冷。李商隐前往汉中兴元府时已是深秋，那时虽然是自己独行，却并不觉得孤单，而现在虽然有这么多同行者，可他却倍感孤寒。目之所及，也尽是荒凉之景，前往汉中时至少还有一些落叶做蓝天的装饰，而现在大地一片荒芜，树枝突兀，间或有一只乌鸦落在树上，发出凄凉的叫声。

他与令狐绹向来是无话不说的知心好友，而这次他前来汉中，令狐绹却对他颇有微词。令狐绹责怪他耽误时间，如果他能早一点赶到汉中，趁着父亲病情没有那么严重，或许还可以带父亲回京城疗养。令狐绹已经官至补阙，忙碌也是理所应当，而李商隐呢？只是刚中了进士而已，还没有开始做官，有什么好忙的呢？何况父亲那么器重他，对他的关心，甚至已经超过了自己这个亲生儿子，连遗表都是让他写的，他为令狐家又做过什么呢？

李商隐听着令狐绹的责怪,心中更加不是滋味。他敏感地意识到,或许与令狐家亲密的关系,到此也将终结了。在经过分水岭时,他看着陡峭的山势与湍急的流水,不禁心中怅然。这分水岭,不正像令狐老先生的与世长辞吗?这也正是他人生的分水岭啊,从此江湖风雨,再无人为他遮挡,纵然他不想跨越这道分水岭,但命运推着他一步步前行,他只能无可奈何地独自迎向前方吹来的寒风。难过的时候,只有文字是最好的灵魂伴侣,他将此情此景写成了《自南山北归经分水岭》一诗:

水急愁无地,山深故有云。
那通极目望,又作断肠分。
郑驿来虽及,燕台哭不闻。
犹余遗意在,许刻镇南勋。

李商隐的这首诗可谓一语成谶。"断肠分"不仅指分水岭将湍急冰冷的河水分隔开来,也是指与令狐楚的生死永别,更暗含着对未来与令狐家可能越来越生疏的隐忧。"犹余遗意在,许刻镇南勋",令狐楚生前官至山南节度使,他的功绩将会随着墓志铭永传于世。其墓志铭也是出于李商隐之手,遗憾的是内容已经失传了。

这一路上,李商隐与令狐绹大多时候都是沉默的,偶尔说几句话,却总是话不投机。在经过扶风郡时,队伍中有人说:"前方就是圣女祠了,我们可以过去歇歇脚。"听到"圣女祠"三字,李商隐愈发悲痛。想到自己来的路上,还曾在瞻仰圣女雕像后写过一首《圣女祠》,那时的心情多么轻松愉悦!而此刻却悲苦不已。原来孤独不是独自一人,而是身边明明人声鼎沸,却没有一个能说句知心话。他感念令狐绹对自己的举荐之恩,但他宁愿令狐绹不曾举荐自己,因为他不喜欢别人把他那封字字发自肺腑的《别令狐拾遗书》看作一封别有用心的"求荐信"。

他浑浑噩噩地随着众人再次来到圣女祠,再次看到那美丽婀娜的圣女像。这些日子,那位仙女可曾回到人间?她也会和他一样孤独吗?此时已经是黄昏时分,有人商量着一会儿找家客栈投宿。而李商隐却满心都是那孤独的仙子,到客栈后,马上铺纸研墨,又写了一首《圣女祠》:

杳霭逢仙迹,苍茫滞客途。
何年归碧落,此路向皇都。
消息期青雀,逢迎异紫姑。
肠回楚国梦,心断汉宫巫。
从骑裁寒竹,行车荫白榆。
星娥一去后,月姊更来无。
寡鹄迷苍壑,羁凰怨翠梧。
惟应碧桃下,方朔是狂夫。

写下此诗时,李商隐心中倍感茫然。他再次想到了那位曾经爱恋过的女冠,清修的生活,应该也是孤寂的吧?但好在远离红尘,那些柴米油盐的琐事也不必挂怀。他也想去过那种远离尘嚣的清修生活,但是身在红尘,有很多事情是身不由己的,家族的重担提醒着他要追逐名利,就像他笨拙地讨好崔龟从时,他也很厌恶那样的自己。但生活就是这样,总是在不知不觉中把你磨砺成曾经最讨厌的样子。

他们晓行夜宿,一路上经过了很多个村庄。在快抵达长安城时,他们惊讶地发现,那里的村庄竟然更加破败。正常来讲,京城附近的村镇应该更加富庶才对,而这里却是一片荒凉。一路过来,其他地方还能看到一些人家为新年做着准备,而这里却一点儿临近年关的喜气都没有。虽然是冬天,但也能看出很多农田去年没有耕种,上面长满了枯萎的野草和荆棘。一些农具被随意地扔在路旁,也许是农具的主人被突然捉走,也有可能是遇到官兵或者强盗匆忙逃命去了,却再也没有回来。经过很久的风吹雨打,农具已经朽坏了,朔风吹着农具旁的野草,声音簌簌,犹如呜咽。

走进村子时,他们惊讶地发现,村子里十室九空,毫无生机。走了好一会儿,才遇到一个身着短褐的白发老人。看到这样一支队伍从家门口经过,老人家犹如惊弓之鸟,赶紧出去关大门。李商隐一行好不容易看到一个活人,赶紧向老人家询问这里发生了什么。

老人一开始很害怕,唯恐他们是和之前一样入村洗劫的强盗或者官兵,在听了他们解释后,这才放下心来,压抑了很久的话也如决堤的洪水般滔滔不绝起来——他已经很久没有向人倾诉过了,村里人但凡是能活动的,基本都搬走了,而他年老体衰,只能留在这里。

老人家已是耄耋之年,他经历过唐王朝的兴盛,也经历过那场著名的历史事件——安史之乱。他是看着大唐王朝由盛转衰的，回忆起多年前的情景，他感慨万千。他记得，那时的官吏真是百姓的好官啊，清廉又有作为，哪像现在的官员只知道横征暴敛，根本不管百姓的死活。那时天下太平，儿子不用出去打仗，女儿也不用远嫁，村里人都本本分分地种田为生，那时一家人其乐融融，多么幸福啊！家里的粮食根本吃不完，有些都烂在粮仓里了。他们用粮食酿酒，虽然颜色混浊，却分外甘醇。年轻的男人懂得保护女人，老人家含饴弄孙、颐养天年。

可叹的是好景不长，晚年的玄宗皇帝只顾着宠爱杨贵妃，将军事大权交给安禄山之属的武将，后来爆发了安史之乱，大唐王朝的繁荣便一去不回了。这些年来，官府极尽搜刮之能事，很多百姓不堪重负，只好四处逃亡，甚至官逼民反，有一些大胆的百姓做了强盗。这个村子因为距离京城近，也成了京城官兵重点"关照"的对象。他们犹如强盗，说来驻兵便来驻兵，说要百姓交税便让百姓交税，而税收的名目更是五花八门，有些甚至闻所未闻。现在皇帝更是成了一个摆设，大权旁落、宦官当道，忠贞之辈遭受屠戮，而奸邪之辈却大显其能。这样的世道，天理何存？

李商隐听着老人家泣血的控诉，早已义愤填膺。他紧紧地攥着拳头，手指骨捏得"咔咔"作响，恨不得马上披挂上阵，去杀尽那些残害百姓的衣冠禽兽。带着这满腔的气愤与对百姓疾苦的同情，李商隐写下了如史诗一般的《行次西郊作一百韵》：

蛇年建午月，我自梁还秦。南下大散关，北济渭之滨。

草木半舒坼，不类冰雪晨。又若夏苦热，燋卷无芳津。
高田长槲枥，下田长荆榛。农具弃道旁，饥牛死空墩。
依依过村落，十室无一存。存者皆面啼，无衣可迎宾。
始若畏人问，及门还具陈。右辅田畴薄，斯民常苦贫。
伊昔称乐土，所赖牧伯仁。官清若冰玉，吏善如六亲。
生儿不远征，生女事四邻。浊酒盈瓦缶，烂谷堆荆囷。
健儿庇旁妇，衰翁舐童孙。况自贞观后，命官多儒臣。
例以贤牧伯，征入司陶钧。降及开元中，奸邪挠经纶。
晋公忌此事，多录边将勋。因令猛毅辈，杂牧升平民。
中原遂多故，除授非至尊。或出幸臣辈，或由帝戚恩。
中原困屠解，奴隶厌肥豚。皇子弃不乳，椒房抱羌浑。
重赐竭中国，强兵临北边。控弦二十万，长臂皆如猿。
皇都三千里，来往同雕鸢。五里一换马，十里一开筵。
指顾动白日，暖热回苍旻。公卿辱嘲叱，唾弃如粪丸。
大朝会万方，天子正临轩。采旗转初旭，玉座当祥烟。
金障既特设，珠帘亦高褰。捋须寒不顾，坐在御榻前。
忤者死艰屦，附之升顶巅。华侈矜递衒，豪俊相并吞。
因失生惠养，渐见征求频。奚寇西北来，挥霍如天翻。
是时正忘战，重兵多在边。列城绕长河，平明插旗幡。
但闻虏骑入，不见汉兵屯。大妇抱儿哭，小妇攀车轓。
生小太平年，不识夜闭门。少壮尽点行，疲老守空村。
生分作死誓，挥泪连秋云。廷臣例獐怯，诸将如羸奔。
为贼扫上阳，捉人送潼关。玉辇望南斗，未知何日旋。
诚知开辟久，遘此云雷屯。送者问鼎大，存者要高官。
抢攘互间谍，孰辨枭与鸾。千马无返辔，万车无还辕。

城空鼠雀死，人去豺狼喧。南资竭吴越，西费失河源。
因令右藏库，摧毁惟空垣。如人当一身，有左无右边。
筋体半痿痹，肘腋生臊膻。列圣蒙此耻，含怀不能宣。
谋臣拱手立，相戒无敢先。万国困杼轴，内库无金钱。
健儿立霜雪，腹歉衣裳单。馈饷多过时，高估铜与铅。
山东望河北，爨烟犹相联。朝廷不暇给，辛苦无半年。
行人榷行资，居者税屋椽。中间遂作梗，狼藉用戈鋋。
临门送节制，以锡通天班。破者以族灭，存者尚迁延。
礼数异君父，羁縻如羌零。直求输赤诚，所望大体全。
巍巍政事堂，宰相厌八珍。敢问下执事，今谁掌其权。
疮疽几十载，不敢扶其根。国蹙赋更重，人稀役弥繁。
近年牛医儿，城社更扳援。盲目把大斧，处此京西藩。
乐祸忘怨敌，树党多狂狷。生为人所惮，死非人所怜。
快刀断其头，列若猪牛悬。凤翔三百里，兵马如黄巾。
夜半军牒来，屯兵万五千。乡里骇供亿，老少相扳牵。
儿孙生未孩，弃之无惨颜。不复议所适，但欲死山间。
尔来又三岁，甘泽不及春。盗贼亭午起，问谁多穷民。
节使杀亭吏，捕之恐无因。咫尺不相见，旱久多黄尘。
官健腰佩弓，自言为官巡。常恐值荒迥，此辈还射人。
愧客问本末，愿客无因循。郿坞抵陈仓，此地忌黄昏。
我听此言罢，冤愤如相焚。昔闻举一会，群盗为之奔。
又闻理与乱，在人不在天。我愿为此事，君前剖心肝。
叩头出鲜血，滂沱污紫宸。九重黯已隔，涕泗空沾唇。
使典作尚书，厮养为将军。慎勿道此言，此言未忍闻。

这首长诗是李商隐的经典之作,很有杜甫的诗史风范,与杜甫的《北征》相比,内容更加丰富,视野也更加磅礴。这首诗里的故事前后跨越了八十余年,从唐朝的兴盛到衰落,前后形成鲜明的对比,有前面的那段回忆做衬托,使现状的悲惨更深一层。语言上明白晓畅,犹如老人家讲故事那般娓娓道来。诗中虽然也有化用典故,但都是历史上著名的典故,没有其他诗中那样云山雾绕的神秘感。全诗融合了叙事、议论和抒情,尤其是结尾处的抒情非常令人动容。李商隐早就知道朝中奸臣当道,现在目睹百姓的疾苦,他更加希望自己能够有一番作为,希望皇帝能够重用自己。"我愿为此事,君前剖心肝。叩头出鲜血,滂沱污紫宸",这样字字泣血的诗句,若是当时的唐文宗读到,应该也会为之动容吧。

离开时,老人家还特意叮嘱他们:快点走吧,这里最可怕的就是黄昏时分,因为这个时间常有强盗出没。这句好心的叮嘱,李商隐也将其写进诗中:"郿坞抵陈仓,此地忌黄昏。"

李商隐一路上心情都很压抑,听过老人的一番话后,心情更加沉重了。好在他们没有遇到强盗,一行人顺利地回到了京城长安。之后是选定时间,按照礼仪规制将老先生的遗体入土为安。

永忆江湖归白发

蛇年之后是马年，即开成三年（838年）。这个新年过得格外凄凉，李商隐向家中写了封信，将令狐楚去世等事简单告知母亲和弟弟，并说明了自己接下来的打算。原计划是去令狐楚那里做幕僚的，但令狐楚已经去世，他只能另做打算。此时他已经通过了吏部的关试，有资格去参加博学宏词科、贤良方正科等的选拔，一旦通过，便可以入朝为官。为人做幕僚终究不是长久之计，他已经做过多年幕僚，如果府主都是像令狐楚、崔戎那样爱惜人才的还好，像他们一样的伯乐是可遇而不可求的。依附他人不如自立门户，他希望能做个对家国天下有用的人，尤其是在回长安时遇到那位老人后，这种愿望愈发强烈起来。

这一年吏部开设了博学宏词科，这是从唐朝开元年间开始设置的，用来选拔能文之士。李商隐得知这个消息后非常开心，因为考试内容都是他所擅长的。

报完名后，李商隐特意把这个好消息告诉了令狐绹。他以为令狐绹会为他高兴，但没想到，令狐绹竟满脸不快。他们之间的对话大概是这样的：

"子直（令狐绹，字子直）兄，我报了今年的博学宏词科，真是太幸运了，这一科正是我想考的，本来还担心不开设呢。"

"呵，那要恭喜义山了，看来飞黄腾达是指日可待啊。"令狐绹话语中带着揶揄。

"子直兄觉得有何不妥吗？"李商隐满脸疑惑，不知道他为什么态度这样冷淡。

"你李义山做的事情能有什么不妥的？何况你都报了名了才来告知我，这是怕我提前知道了会拦着你吗？先父对你，用'恩重如山'来形容不足为过吧？可你为先父、为我们令狐家又做过什么呢？"

令狐绹一连串的质问，令李商隐如坠云里雾中。但旋即他便明白了，令狐绹不希望他自立门户，他希望自己能够永远为他所用，就像做令狐楚的幕僚时一样，以后继续为他令狐绹效力。

或许在令狐绹极力向高锴推荐李商隐时，这个想法就已经种在心里了。他以为李商隐为他效力是理所应当的，即便父亲去世了，他令狐绹还在。李商隐不能还给父亲的人情，还给他这个做儿子的不是理所应当的吗？

李商隐从来没想到，自己曾经推心置腹的知己，竟然只是把自己当成令狐家的一个附属品。那一刻，他欲哭无泪，又不能与令狐绹撕破脸，只能尴尬地站着，看着令狐绹拂袖而去。

多年前，两个天真的少年曾约定：待将来步入官场，要匡扶天下、并肩作战，做永远的好朋友、好兄弟。只是岁月变换，令狐绹已经不再是曾经的令狐绹，而李商隐还固执地守在原地。他以为令狐绹会像自己一样，以匡扶天下为己任，但令狐绹在步入官场后，除了笼络人脉、谋求权力，并没有做出什么有利于国计民生的政绩。联想到这些，李商隐更觉心寒不已。

在等待考试的日子里，李商隐有时候也会参加一些诗文酒会，再与令狐绹遇见时，李商隐总会主动过去打招呼。他心里终究是带着愧疚的，尤其是在被令狐绹质问一番后，那种愧疚竟更深了。他知道自己这一生都还不完令狐家的人情，无论令狐绹对自己说出怎样的话、做出怎样的事，他都不可以有怨言。

然而在外人看来，却觉得李商隐对令狐绹的态度颇为谄媚。而令狐绹似乎很享受这种感觉，李商隐越是靠近他，他越是态度倨傲、爱搭不理。

李商隐心中难过，只能尽力维护这份微妙的友情。他相信自己一定能够考中，待他走入官场，便与令狐绹并肩作战，一起去改变官场中那些不正之风。他还记得多年前与他一起读书时的约定：

待将来步入官场，要匡扶天下、并肩作战，做永远的好朋友、好兄弟。

就算令狐绹忘了，但是他始终不曾忘记。他相信自己的选择是正确的，好朋友应该是与他并肩作战的，而不是成为他的附庸。

考试的时间到了，李商隐信心满满地走入考场。仿佛是为他量身定制的考试一般，连题目都是他所擅长的。他对自己写的文章非常满意，考试结束后，便开始数着日子等待放榜。就像前往汉中时，他曾信心满满地规划接下来的生活一样，他又一次信心满满地做出了一系列的规划。命运已经让他失望一次，这一次一切都这么顺利，总不会再失望的。

然而残酷的现实再一次给李商隐浇了一盆冷水，吏部放榜后，录取的名单里并没有他。

李商隐无法相信自己的眼睛，又仔细看了一遍，果然是没有他。他无法理解，还有人比自己的文章好吗？凭什么不录取他？他不甘心，四处打探了一番，终于知道了真相：

主试官李回和周墀对李商隐的文章大加称赞，本来已经将他录取。按照规制，吏部需要将名单送到中书省进行复审。大多时候这也就是走个流程，中书省很少会对录取人员有什么异议，但是今年却出了意外。中书省有一位权力很大的长者，在看到"李商隐"这个名字时，竟直接将他划掉了，并颇为厌恶地说了一句："此人不堪！"

对于李商隐来说，这是他人生中的一大转折。掌权者一个小若尘埃的动作，落在无权者身上便是一座巍峨的高山。那么，那位"中书长者"究竟是何许人也？他为什么要如此仇视李商隐，这样轻而易举地便断送了一位年轻人的大好前程？

清代冯浩于《玉溪生年谱》中说："中书长者，必令狐辈相厚之人。"

笔者认为，这个推断是很有道理的。令狐绹对李商隐一直心存不满，他了解李商隐的才华，希望他能够终生为令狐家效劳。他希望李商隐能够绝对服从自己，至于推荐他考中进士，也是有自己的打算的。"进士"只是一个头衔，而非官职，类似于现在的文凭学历。令狐绹见李商隐要去做官，便认为他是背叛了自己乃至整个令狐家，并认为这是忘恩负义之举。类似于现在的公司老板出钱让员工去读MBA，结果员工拿到文凭后却跳槽了。

令狐绹的心机与城府，远非天真烂漫的诗人可比。年少时美好的友情，终究经不起世俗的考验。令狐绹就是要让李商隐知道，我能一句话成就你，也能一句话毁了你。

或许是令狐绹给过那位中书长者暗示，或许是和他讲过李商隐忘恩负义之类的坏话，总之那个中书长者不录取李商隐的原因：此人不堪。

一个会为陌生老人的遭遇悲愤不已的诗人，一个终生念念不忘令狐楚、崔戎之恩的诗人，一个一心要匡扶社稷的诗人，一个敢在"甘露之变"后写他人之不敢写、说他人之不敢说的诗人，他能如何不堪？

从令狐绹的角度来说，为自己能有更好的发展而笼络人才并没有错，但"水浅难养龙"，李商隐是个有雄才大志的人，自然不会久居池中。唯有真正走进官场，他才能践行心中的理想，就像他诗中所写："又闻理与乱，在人不在天。我愿为此事，君前剖心肝。"

现实已经如此，就算知道缘由也无处申诉。官场皆是官官相护，而他只是一个没有任何家世背景的寒门子弟。曾经他以为，只要有足够的才华，还是可以和那些世家子弟一样步入官场的，到现在才明白，当初的想法是多么天真。

不过，爱才之人还是有的，李商隐虽然没有被录取，但是他的才名已经远播四方。久负盛名的大将王茂元时任泾原

李商隐诗传 | 121

节度使，他读过李商隐的诗文后啧啧称奇。得知李商隐落榜，他向失落的诗人抛出了橄榄枝。

此时令狐绹并没有主动邀请李商隐，大概以为李商隐会在求官路上知难而退，走投无路后必然会依附于他。但李商隐经历了这一番风波后，就算真的走投无路，只怕也不愿再做他的附庸。

韩瞻与李商隐同榜中第，作为"同年"，他也极力劝说李商隐到王茂元那里去。古代科举考试后，新科进士往往会成为待嫁女子的最佳择偶对象，韩瞻中第后，便被王茂元看重，这位声名显赫的将军将自己的大女儿许给了韩瞻。对于这位岳丈，韩瞻非常钦佩，难免在李商隐面前多称赞了几句。

架不住好友的一番游说，李商隐动心了。而且仅仅几天的时间，京城中关于李商隐竟然落选的说法便出了好几种。有人说李商隐不被录取，是因为对令狐家忘恩负义，朝廷不要这样的"不堪"之人；有人说是因为李商隐过于狂傲，虽然有点才华，但太目中无人了；有人说李商隐的文章根本就不好，什么才子，都是大家瞎传的……

京城的风言风语，李商隐再也听不下去，他只想找一个安安静静的地方，避开那些混沌嘈杂的声音。

接到王茂元的聘请后，身心俱疲的诗人很快来到了泾州安定郡。

这一路，李商隐心中格外压抑。长安城中那些流言蜚语，他越是强迫自己不要去想，越是在耳边不断地回响开来。抵达安定郡时已经是暮春时节，安定的城楼很高，登上去之后，能眺望到很远的地方。远处杨柳青碧，目之所及，皆是一片蓊郁，在杨柳的尽头，有一条小河潺湲流淌，清澈的河水映着蓝天白云，水中还露出一小片陆地，形成了一座小小的岛屿。

本以为登高远眺，可以用美景来冲淡心中的痛苦，然而当他想到眼前便是长安城的方向时，那种愤慨与不甘再度袭来。文字是心灵最好的窗口，念及过往种种，他愤然写下了《安定城楼》：

> 迢递高城百尺楼，绿杨枝外尽汀洲。
> 贾生年少虚垂涕，王粲春来更远游。
> 永忆江湖归白发，欲回天地入扁舟。
> 不知腐鼠成滋味，猜意鹓雏竟未休。

诗歌首联写眼前所见之景，颔联用贾谊、王粲之典来表达对自身遭遇的愤慨。贾谊十八岁为汉文帝博士，才华横溢，又心忧国事，却遭到老官僚周勃、灌婴等人的诽谤，最终被贬为长沙王太傅；著名建安七子之一的王粲十余年不被刘表重视，登上当阳麦城城楼时曾作《登楼赋》来排解抑郁心情。而此时的李商隐，不正如贾谊、王粲一样吗？他希望能为国家做一些事情，改善百姓的生活，等到他梦想达成，便驾一叶扁舟退隐江湖。他想要的不是个人的荣华富贵，而是国家的太平安定。可那些惯于以己度人的达官显贵们怎会理解他的宏图大志呢？他们自己是精致的利己主义者，便理所当然地认为全天下都是精致的利己主义者。于是李商隐想到了《庄子·秋水》中的典故：

惠子相梁，庄子往见之。或谓惠子曰："庄子来，欲代子相。"于是惠子恐，搜于国中三日三夜。庄子往见之，曰："南方有鸟，其名为鹓鶵，子知之乎？夫鹓鶵发于南海，而飞于北海；非梧桐不止，非练实不食，非醴泉不饮。于是鸱得腐鼠，鹓鶵过之，仰而视之曰：'吓！'今子欲以子之梁国而吓我邪？"

大意是惠子做了梁国的丞相，庄子前去见他，有人说庄子是来取代他成为梁国丞相的，于是惠子非常惊恐，在国都中疯狂搜索，想要找到庄子。庄子知道后主动来找他，给他讲了一个故事："南方有一种叫作'鹓鶵'（鸾凤的一种）的鸟，你知道吗？这种鸟从南海飞向北海，不是梧桐树便不休息，不是竹子开花结的果实就不吃，不是甘甜的泉水就不喝。这时候猫头鹰得到一只已经腐烂的老鼠，鹓鶵刚好从它头顶飞过，猫头鹰竟然以为鹓鶵要抢它的死老鼠，嘴里发出'吓'的声音。现在，您是要以您梁国的丞相之位来'吓'我吗？"

那些诋毁李商隐的人，不正像咬着腐鼠的猫头鹰一样吗？他们不停地诋毁鹓鶵，唯恐鹓鶵抢走了他们的食物，却不知道鹓鶵的高洁。

就像河蚌将给自己带来无限痛苦的沙子化作珍珠一样，李商隐也将那些压抑痛苦的经历化作了永远熠熠生辉的诗篇。安定郡，这里将成为李商隐的避风港，也将成为他生命历程中的一个新起点。

惟愿花叶常相映

对于李商隐的到来，王茂元非常高兴，本来他还担心请不动李商隐。他对李商隐礼遇有加，让刚刚经历了凉薄世态的李商隐倍感温暖。在那段饱受质疑的艰难岁月中，王茂元给了他最宝贵的信任。可以说，对李商隐而言，王茂元是继令狐楚、崔戎之后的第三位恩人。

刚到王茂元幕府的那几天，李商隐依然心情抑郁。有一天，绵绵阴雨从早上一直下到黄昏时分，庭院中的牡丹花被雨水纷纷打落。李商隐更加难过，他想到了曾经在长安城中赏牡丹的场景，彼时天朗气清、花开正艳，而今日却是淫雨霏霏、香断花残，进而又由残败的牡丹联想到自身，感慨之余写下了《回中牡丹为雨所败二首》：

其一

下苑他年未可追，西州今日忽相期。
水亭暮雨寒犹在，罗荐春香暖不知。
舞蝶殷勤收落蕊，佳人惆怅卧遥帷。
章台街里芳菲伴，且问宫腰损几枝？

其二

浪笑榴花不及春,先期零落更愁人。
玉盘迸泪伤心数,锦瑟惊弦破梦频。
万里重阴非旧圃,一年生意属流尘。
前溪舞罢君回顾,并觉今朝粉态新。

  诗题中的"回中"为地名,即泾原。第一首诗中,他想到了昔年在长安城的曲江所看到的牡丹,想来那样的盛景不会再见了,没想到在这里竟然又遇见了牡丹花。只是这里的牡丹被风吹雨打,又怎会像温室里备受保护的牡丹花那样散发芬芳呢?蝴蝶似乎是怜惜那些落地的花瓣,翩翩飞舞着要去将花瓣收起,被摧残的牡丹花犹如卧在帷帐中的美人一样满面惆怅。而章台的柳枝在春风中日日起舞,不知扭断了多少枝条啊!

  第一首诗的尾联大有深意。诗人所说"章台街",意指京城里那些春风得意、惯会阿谀奉承的官僚。他们沆瀣一气,阻断了寒门子弟的仕途,遇到显贵之人便谄媚逢迎,遇到寒门子弟便排挤打压。

  第二首中的情感更加悲凉。首联讲牡丹花早绽放、早凋零,令人顿生悲愁。颔联讲雨打花瓣,犹如玉盘承泪,又似锦瑟断弦。颈联结合自身经历,虽然看到了牡丹,但毕竟不是昔年旧景,这一年的期许终究落空。尾联讲牡丹花落,犹如美人舞罢,看花瓣时似乎还是那么鲜艳。自己的命运,不正像这雨中牡丹一样吗?

  纵有凌云之才,奈何世态炎凉。

早年在长安城时,见牡丹盛开,李商隐曾写过一首《牡丹》:

> 锦帏初卷卫夫人,绣被犹堆越鄂君。
> 垂手乱翻雕玉佩,折腰争舞郁金裙。
> 石家蜡烛何曾剪,荀令香炉可待熏。
> 我是梦中传彩笔,欲书花叶寄朝云。

他热情地歌咏牡丹之美,赞其犹如美艳的卫夫人,花瓣迎风起舞,犹如玉佩翻动,牡丹色彩明艳、香气怡人。看到这样美丽的花,诗人如有神助,自信道:"我自有传神的妙笔,将要把这国色天香的牡丹书写下来寄给远方的人。"

"我是梦中传彩笔,欲书花叶寄朝云"之句曾为多少人赏爱不已,只是那个曾经写出如此自信之句的少年,已经在现实的凄风苦雨中渐渐磨去了棱角。曾经的灼灼风华,被残酷的世界揉成了一捧黄沙。

王茂元理解李商隐的心情,不仅没有委派他繁重的任务,反而鼓励他明年再去考。他的大女儿已经许配给韩瞻,还有一个待字闺中的小女儿,名唤"宴媖"。他非常宠爱这个小女儿,也一直想给她找个合适的郎君。李商隐就任幕僚后经常到他私宅里来,小女儿王宴媖得以多次见到这位俊朗多才的诗人。

王宴媖喜欢诗文书画,尤其对李商隐那些诗作大有兴趣。李商隐诗歌用典很多,王宴媖读到不解之处,总要找诗人探讨一番。一来二去,两人感情日笃,而王茂元更是非常喜欢这个年轻人，得知他现在没有妻室，便做主为他们缔结了这段良缘。

彼时正是盛夏，荷花开得正好。大红喜帕下的新娘像一朵娇羞的芙蓉，红烛跳动，点亮了李商隐这一生中最幸福的时光。

李商隐万没想到，在自己如此落魄之际，竟然能得此美眷。对王茂元的感激之情，更是无以言表。

他曾有过爱而不得的恋人，只是岁月浮沉，他们不会再有相遇的机会。因为失去过，所以更懂得怜取眼前人的重要。李商隐非常珍视与王宴媄的感情，她的美丽动人，她的善解人意，她的多才多艺，她一切的一切，满足了他对爱情全部的幻想。他曾经想象过神女的模样，但那些不切实际的幻想终究只是天真烂漫的云烟，何及眼前美人的一颦一笑？

王宴媄出身于富贵之家，却从未嫌弃过李商隐的出身。她与她父亲的性格相似，她看重的是李商隐的人品与才华。她天真可爱，又落落大方，为李商隐的才华深深折服。她的出现，就像一道刺破阴云的明媚阳光，令李商隐的生活一下子明亮起来。如果说此前所有的遭遇都是为了这场爱情埋下的伏笔，那么他心甘情愿。

李商隐有一组诗《漫成三首》，大概便是作于这段时间：

其一

不妨何范尽诗家，未解当年重物华。
远把龙山千里雪，将来拟并洛阳花。

其二

沈约怜何逊,延年毁谢庄。
清新俱有得,名誉底相伤。

其三

雾夕咏芙蕖,何郎得意初。
此时谁最赏,沈范两尚书。

第一首中的"何范"指的是南朝时期诗人何逊与当时的礼部尚书范云,何逊的诗文写得很好,有些不懂欣赏的人却诋毁他,而范云却对他大加赞赏。

第二首诗中依然写到何逊,只不过这首诗中赏识何逊的伯乐是沈约。显然,两首诗中李商隐都是以何逊自比,而赏识何逊的"沈范"二人,应该是令狐楚与王茂元,另一说为令狐楚与崔戎。

第三首诗中"雾夕咏芙蕖",是说何逊夏天成婚,曾写过歌咏芙蕖的诗文。而自己也正是夏天成婚,这番经历,与何逊何其相似!他满怀感激地写道:"此时谁最赏,沈范两尚书。"

虽然令狐楚已经去世,但李商隐永远感念他的恩情。不过,这组诗如果是在崔戎幕府期间所作,以此来表示对崔戎和令狐楚的感激,也是有可能的,只是这样一来,"雾夕咏芙蕖,何郎得意初"便又成了谜。所以笔者认为,这组诗当为与王宴媄新婚时所作。

生活便是这样:当你满怀希望地去做一件事时,结果却大失所望；当你跌落生活的谷底以为万劫不复时，却意外地获得了新生。对李商隐来说，王宴媄是他心头的朱砂痣，也是生命里的白月光。这段爱情成了他诗歌灵感的源泉，他为妻子写了很多诗篇，从新婚时的无限爱恋，到离别时的不尽思念，到重逢时的兴奋喜悦，到后来永隔黄泉的万丈悲情，乃至一首又一首悲怆而深情的悼亡诗，每一字、每一句都倾注了全部的感情。

仕途上一生襟抱未曾开，所幸，爱情还可以为他疗伤。

第五章

红尘颠沛：生若蜉蝣，死生长恨

登科

京城传来消息,吏部将在明年的选官考试中开设"书判拔萃科",要录取的是文辞优美、通晓经学的人才。对李商隐来说,虽然这不及去年的"博学宏词科",但也是他所擅长的。

王茂元建议李商隐去考一下。去年落榜,李商隐对这样的考试本已心灰意冷,但王茂元知道李商隐的雄才大志,希望他能再去试试。他是一名武将,自然也希望李商隐能够在那个没有硝烟的战场上独当一面,搏出一番事业,他也相信女婿有这个能力。

终于,李商隐踏上了返回长安的路。已是冬末春初时节,路上的雪还没有化干净,料峭寒风里已经带了一丝暖意。长安城依旧熙熙攘攘,这座阔别数月的城市似乎没有任何变化。他先去拜见了令狐绹,因为这一路上他已经听到了很多风言风语,大多是说他与令狐家决裂、令狐绹对他另投他人门下非常不满之类。

李商隐离开长安的这段时间里,与令狐绹几乎没有什么联系,但他心里依然把令狐绹看作是自己最好的朋友。令狐绹还在家为父亲守丧,见李商隐前来,竟完全没有故友重逢的喜悦可言。而李商隐来的路上却是满心欢喜的，虽然上次不欢而散，但他并没有记恨令狐绹。

他们之间的对话大概是这样的：

李商隐看到微微发福的令狐绹后开心地说道："一别数月，子直兄近来可好？"一面说，一面拱手行礼。

令狐绹只是微微拱手算是还礼，脸上满是鄙夷与不屑，揶揄道："好倒是还好，但怎么也比不上义山啊，这么快就找到了新的靠山，还做了人家女婿。"

李商隐尴尬地笑道："还希望子直兄不要见怪，婚礼办得仓促，又是在泾原办的，长安这边的朋友都没有发喜帖，我这次回来，正准备请这边的朋友们喝个喜酒呢。子直兄的大恩，义山没齿难忘。"

"若是这样的话，那义山就不要做那泾原节度使的幕僚了，还是回到我令狐幕府吧。你帮我写写文章，我保你荣华富贵。"令狐绹还是想让李商隐为自己做事，不论对李商隐有多少偏见，他的才华，令狐绹是佩服的。

"这……"李商隐面露难色。

"怎么，到底是舍不得你那岳丈？亏你刚还说什么没齿难忘！"

"子直兄，我这次回京，其实是来参加吏部的选官考试的。"

李商隐此言一出，空气仿佛凝固了一般，两人都不知道再说点什么。此前李商隐考博学宏词科落第，其原因大家都心知肚明。李商隐当然不会戳穿，来拜访令狐绹，也是希望能与他重修旧好。然而有些感情，是永远回不到最初的，这次会面终究还是不欢而散。在此后的一些社交场合中，李商隐依然极力保持着与令狐绹的友好关系，但令狐绹对他却越来越冷淡。

在这之后，李商隐又拜访了韩瞻。现在他们的关系又近了一层，不仅是同年，还是连襟。韩瞻为李商隐高兴不已，得知他要参加书判拔萃科的考试，更是对他信心满满。

考试的时间很快到了，李商隐倒没有去年那么紧张了，很多事情看透了，也就释然了，他会做好自己该做的，至于结果如何，那就看命运的安排了，正所谓"尽人事，听天命"。

当吏部的录取名单公布时，李商隐终于看到了自己的名字。

他有些意外，习惯了遭受各种波折，这一次如此顺顺利利地金榜题名，他竟有些不敢相信。没过几天，吏部的委任公文便到了，他被任命为秘书省校书郎，为正九品上阶（唐代官职共有九品，每品分正、从，下设上、中、下三阶）。虽然职位不高，但升迁的机会很多。"秘书省"类似于国家图书馆，"校书郎"类似于今天的编辑，负责编撰、校对朝廷刊印的书籍。

校书郎虽然职位不高，却是很多初入仕途的读书人非常向往的。能胜任校书郎一职的人，必定有过人的才学，因此升迁也相对容易。著名诗人白居易刚做官时，也是任此职。

李商隐修书两封，一封寄回家里告知母亲和弟弟，另一封寄给岳丈王茂元和妻子王宴媄，将这个好消息告诉了家里人。他很喜欢这个职位，秘书省里的历代藏书，有很多是他曾经想看而找不到的，这回可以在工作之余尽情阅览了。如

李商隐诗传 | 135

果生活就这样持续下去，即便没有什么升迁，他也乐在其中。

然而好景不长，李商隐在秘书省任职还不到半年，开成四年（839年）的夏天，吏部便忽然调任他去弘农县（今河南灵宝）做县尉了。弘农尉的品级为从九品上阶，无论是级别还是地位，都比校书郎低。别人做官都是越做越高，即便被降职，起码也是在升迁之后因为一些事情被降职，而李商隐刚做官几个月就遭遇降职，其中自然是有原因的。朝中官员有很多与令狐绹交好，即便令狐绹不说话，也会有人想办法帮令狐绹将所谓"背恩之人"排挤出去。

清代冯浩在《玉溪生年谱》中说："职官以清要为美，校书郎为文士起家之良选，诸校书皆美职，……至尉薄则俗吏。"此言得之。李商隐从校书郎之美职被调任到弘农尉之俗吏，心中定然愤慨不已。但在经历了那么多风波后，他已经看懂了这世俗的门道，尽管愤慨，但他还是去赴任了。

李商隐依然想着匡扶社稷，想着为国家、百姓做些有用的事，颇有杜工部"致君尧舜上，再使风俗淳"的志气。只是奈何命途坎廪，在时代这座大山面前，一个人的理想显得渺若尘埃。

红尘颠沛，初心不灭。只是为这份初心，他付出了太多的代价。

却羡卞和双刖足

李商隐没有因为无故被降职而自怨自艾,也没有怪罪他人,赴任弘农尉后,便开始兢兢业业地做起事来。

县尉要负责一县的治安及抓捕盗贼等工作,工作比较冗杂。李商隐一直想着能为百姓做些实事,这个职位虽然不比校书郎,但能更近距离地接触百姓,只要好好工作,也能距离自己的理想更进一步吧。

然而世事难料,李商隐在弘农县尉任职时竟因为过于尽职尽责而得罪了上司。《新唐书·李商隐传》中记载:"(李商隐)调弘农尉,以活狱忤观察使孙简,将罢去,会姚合代简,谕使还官。"

事情大致是这样的:有一桩案子,在李商隐到来之前就已经结案了,犯人被判了死刑,将于秋后问斩。李商隐到任后,犯人的家属频频来申冤,眼看着夏天快要过去了,问斩的日期也一天天迫近,李商隐担心造成冤案,于是将这个案子的卷宗全部找出来,相关人证、物证也认真核验。

查了一阵子,李商隐发现这死刑案竟然漏洞百出,上一任弘农尉为了快速结案将案子草草了结,朱笔一挥便判了犯人死刑,而所谓"犯人"仅仅是得罪了官府,并没有触犯什么死罪,因此家人频频上诉申冤。

李商隐想到了在长安西郊遇到的那位老者,他曾在《行次西郊作一百韵》中义愤填膺地写道:"凤翔三百里,兵马如黄巾。夜半军牒来,屯兵万五千。"如果说彼时还是听老人所讲,而现在的情景却是亲眼所见了。好一个"兵马如黄巾"!这些做官的欺压百姓竟然已经到这种地步了,他即便位卑言轻,也一定要将这件事管到底。

于是李商隐为那位死刑犯翻案,最后将其释放。李商隐这边的"犯人"及其家属刚刚感恩戴德地离开,另一边陕虢观察使孙简便大发雷霆,誓要罢免李商隐。

至于孙简为何如此愤怒,我们不得而知,很有可能是李商隐所翻的案子与孙简有关。算起来,孙简不算李商隐的顶头上司,最起码中间还隔着一个刺史。而且孙简很有可能从中劝阻过李商隐,李商隐还是坚持翻案。被怒斥一顿自然是少不了的,李商隐知道自己这个官肯定是做不下去了,于是干脆向刺史大人辞职。

为此,李商隐特意写了一首《任弘农尉献州刺史乞假还京》:

> 黄昏封印点刑徒,愧负荆山入座隅。
> 却羡卞和双刖足,一生无复没阶趋。

所谓"乞假",即委婉地辞职。诗人愤慨道:"黄昏时分,我散筲封印,最后一次清点牢狱里关押的囚徒,整理好案几上的卷宗，抬起疲倦的双眸，入眼便是蓊郁的荆山，忽然觉得惭愧。楚人卞和为了献玉被砍掉了双脚，他曾在荆山下痛哭了三天三夜，眼泪流干后继之以血，我竟忽然羡慕他，因为没有双脚，就不用一生一世在衙门阶前奔趋受辱了。"

诗人的气愤溢于言表。递交辞呈后，不等刺史大人批复，李商隐便愤然离开了。

此时妻子王宴媄在洛阳崇让宅——这是王家在洛阳的别居。弘农县位于长安城和洛阳中间，往东去是洛阳，往西去是长安。李商隐离开弘农县后，径直去了洛阳。与新婚妻子分别已久，现在终于能有闲暇去看望心爱之人，喜不自胜。

在弘农县生活了一段时间后，李商隐深感地域范围对视野的影响。近水楼台先得月，还是住在京城才能有更多的发展机会。此时他的母亲与弟弟李羲叟一家住在河南济源，他这个做长子的一直在外打拼，母亲年纪越来越大，他还没有膝前尽孝。他与王宴媄已经成婚，也没有让妻子一直住在娘家的道理。他已经二十八岁，眼看着就要到而立之年了，纵然事业上没有什么成就，也总要承担起对家人的责任。

见到妻子后，李商隐愈发有一种强烈的感觉——他需要一所房子，一个属于自己、属于家人的小窝，即便地方小一些，也总要给他们一个避风港。他曾爱过一位女冠，也曾对柳枝姑娘动过情，她们都曾激起他对爱情的向往，但在遇见王宴媄后，他才无比渴望能拥有一个温暖的家。李商隐允诺妻子，他回京城后，便购置住宅，一切准备停当后再接母亲和她过去同住。

回到京城后，李商隐去拜见了一些老朋友，和他们讲起

李商隐诗传 | 139

这段不公平的经历，有人认为他做得对，也有人认为他不够圆滑。但李商隐丝毫不悔，一片玉壶冰心，澄明处自有人知，纵然暂时被世俗的尘埃遮住了光辉，也总有尘尽光生的时候。

这些年做幕僚、代人写文章，李商隐也攒了一些钱，虽然不多，但加上亲朋的帮衬，也可以勉强购置一处房所。经过一番考量，李商隐在长安城南的樊川购置了宅院，而后来他以"樊南生"为号，也正是源于此。

就在他一面准备去接母亲和妻子，一面考虑之后要做什么的时候，那位对李商隐恨得咬牙切齿的观察使孙简竟忽然被调走了，继任者姚合，乃为一代名相姚崇的曾孙。他在诗文上很有造诣，对李商隐的诗才也是青睐有加。他上任后，马上派人传信，令李商隐官复原职。

没想到竟会有这么出人意料的转折，他不知是该喜还是该忧，只好一个人又返回长安。

时值开成五年（840年）八月，令狐绹守丧期满。李商隐这边也官复原职，就特意向令狐绹道别。长安城里关于李商隐与令狐绹反目的说法传得沸沸扬扬，李商隐尽力维护着他们脆弱的友情。他不会忘记令狐楚的恩情，更不会与令狐家反目。即便令狐绹对他恶言相向，他也会尽力去扬起笑脸。更何况，令狐家的势力犹如火焰般越燃越旺，他已经吃过令狐绹的苦头，这位昔日的知己，已经成了他得罪不起的人。

令狐绹对李商隐的卑微示好还算满意，还特意写了赠别诗给李商隐。于是李商隐回赠了一首《酬别令狐补阙》：

惜别夏仍半，回途秋已期。

那修直谏草,更赋赠行诗。
锦段知无报,青萍肯见疑。
人生有通塞,公等系安危。
警露鹤辞侣,吸风蝉抱枝。
弹冠如不问,又到扫门时。

"锦段"句化用张衡《四愁诗》"美人赠我锦绣段,何以报之青玉案"之句,"青萍"为宝剑名,意指自己对令狐家的恩情铭记于心、无以为报,故人又怎会有按剑之疑?"人生有通塞,公等系安危"更显卑微,"人生有困窘也有通达,而我这一生的通塞安危皆在于您"。这是李商隐在经历了几番浮沉之后才感悟到的,他为此难过,也无奈。仙鹤与蝉皆是高洁的象征,而本诗中的鹤与蝉却是在严苛的环境里格外警惕,看到白露降下,仙鹤急忙迁徙,风吹过枝头,蝉慌忙抱紧了树枝。恶劣的环境,正象征着官场的黑暗。"弹冠"即弹去帽子上的灰尘,指做官;"扫门"化用魏勃为了见曹参而去他家门前扫雪的典故。两句大意为:我将要去做官了,如果您对此不闻不问,那么我还是会像魏勃去曹参家门前扫雪一样随时恭候您。

其实,令狐绹认准了李商隐是背恩之人,无论李商隐再如何解释,都改变不了令狐绹的看法。从这首诗里李商隐一再强调的内容,我们能感受到他们之间的隔阂已经越来越深,友情几乎只剩一个空壳。

与陶进士书

开成五年（840年）的秋天，李商隐兜兜转转，竟又回到了原地。告别了长安城的朋友们，他一个人踏上了去往弘农县的路。身边的风景由繁华逐渐变得凋疏，树上的叶子犹如黄蝴蝶般飞向空中，在明媚的蓝天中打着旋儿，最后又回到大地上。

落叶尚归根，那么漂泊的人呢？

李商隐第一次感觉到了对这座城市的不舍。如果说以前他只是长安城的一个小小过客，而现在却是已经有了属于自己的根系。对他来说，有家人在的地方才是家，其他的居所无论怎样豪华，都只是逆旅。他多么希望能在这座城市扎下根来，每天工作结束后回到家里便能看到慈爱的母亲和温柔的妻子。

九月初三这一天，李商隐回到弘农县尉任上，坐在熟悉的桌案旁，又开始兢兢业业地做起了那些冗杂的工作。这段时间他不在县衙，多日来的案牍已经摞成一座小山。桌子和文件上都落了一层细细的灰尘，他轻轻地擦拭了一番，那些细小的尘埃便在阳光里飞舞开来。除了一些待处理的案件外，有一位姓陶的考生引起了他的注意。仔细一翻阅，这位陶进士（唐代称参加进士科考试的考生为"进士"，考中者称"进士及第"）已经给他送来了很多文章和诗歌作品，附带几封言辞恳切的求荐信。

他一下子想到了自己几年前到处求人推荐时的样子，仅仅是几年的时间而已，竟觉得恍如隔世。

这位陶进士仰慕他的才华，喜欢他的诗作，所以特意来向他行卷。只是未谙世事的年轻人啊，他只知道李商隐才名远播，却不知道他这个弘农尉只是个极低的小官，人微言轻，对他的仕途只怕爱莫能助。但无论如何，李商隐对这位素未谋面的读书人很有好感，承蒙信任，他总要尽力为之。想到自己行卷时的窘迫，想到考了好几年进士科皆不中的沮丧，想到最后终于考中竟然只是因为令狐绹的一句话，想到考中进士后参加博学宏词科考试的风波，那些年的经验与教训，如果和盘托出——虽然有点交浅言深，但对于一个考场新人来说应该也是一种财富吧。想到自己考试的时候，别人给自己讲起考中进士的经验，都是吹嘘自己的文章写得如何如何精彩，从来不提行卷之事。直到自己考中，才知道原来举荐人要比文章还重要。

李商隐仔细看了陶进士写的诗文，清秀的字体、隽永的文采，他仿佛看到了当年的自己。于是他提笔，给陶进士写了一封很长的回信：

去一月多故，不常在，故屡辱吾子之至，皆不睹。昨又垂示《东冈记》等数篇，不惟其辞彩奥大，不宜为冗慢无势者所窥见，且又厚纸谨字，如贡大诸侯卿士及前达有文章积学者，何其礼甚厚而所与之甚下耶！始仆小时，得刘氏《六说》读之，尝得其语曰："是非系于褒贬，不系于赏罚；礼乐系于有道，不系于有司。"密记之。盖尝于《春秋》法度，圣人纲纪，久羡怀藏，不敢薄贱，联缀比次，手书口咏，非惟求以为己而已，亦祈以为后来随行者之所师禀。

已而被乡曲所荐，入来京师，久亦思前辈达者，固已有是人矣，有则吾将依之。系鞋出门，寂寞往返，其间数年，卒无所得，私怪之。而比有相亲者曰："子之书，宜贡于某氏某氏，可以为子之依归矣。"即走往贡之，出其书。乃复有置之而不暇读者；又有默而视之，不暇朗读者；又有始朗读，而终有失字坏句不见本义者。进不敢问，退不能解，默默已已，不复咨叹。故自大和七年后，虽尚应举，除吉凶书及人凭情作笺启铭表之外，不复作文。文尚不复作，况复能学人行卷耶？时独令狐补阙最相厚，岁岁为写出旧文纳贡院。既得引试，会故人夏口（高锴）主举人，时素重令狐贤明，一日见之于朝，揖曰："八郎之交谁最善？"绹直进曰李商隐者。三道而退，亦不为荐托之辞，故夏口与及第。然此时实于文章懈退，不复细意经营述作，乃命合为夏口门人之一数耳。尔后两应科目者，又以应举时与一裴生者善，复与其挽拽，不得已而入耳。前年乃为吏部上之中书，归自惊笑，又复懊恨周李二学士以大法加我。夫所谓博学宏辞者，岂容易哉！天地之灾变尽解矣，人事之兴废尽究矣，皇王之道尽识矣，圣贤之文尽知矣，而又下及虫豸草木鬼神精魅，一物已上，莫不开会，此其可以当博学宏辞者邪？恐犹未也。设他日或朝廷、或持权衡大臣宰相，问一事，诘一物，小若毛甲，而时脱有尽不能知者，则号博学宏辞者，当其罪矣。私自恐惧，忧若囚械，后幸有中书长者曰："此人不堪。"抹去之。乃大快乐曰："此后不能知东西左右，亦不畏矣。"去年入南场作判，比于江淮选人，正得不忧长名放耳。寻复启与曹主，求尉于虢，实以太夫人年高，乐近地有山水者，而又其家穷，弟妹细累，喜得贱薪菜处相养活耳。始至官，以活狱不合人意，辄退去，将遂脱衣置笏，永夷农牧，会今太守怜之，催去复任。迨使不为升斗汲汲，疲瘁低僇耳。然至于文字章句，愈怗息不敢惊张。尝自呪，愿得时人曰："此物不识字，此物不知书。"是我生获"忠肃"之谥也。而吾子反殷勤如此者，岂不知耶？岂有意耶？不知则可，有意则已虚矣。

然所以拳拳而不能忘者，正以往年爱华山之为山，而有三得：始得其卑者朝高者，复得其揭然无附着，而又得其近而能远。思欲穷搜极讨，洒豁襟抱，始以往来番番，不遂其愿。间者得李生于华邮，为我指引岩谷，列视生植，仅得其半。又得谢生于云台观，暮留止宿，旦相与去，愈复记熟。后又复得吾子于邑中，至其所不至者。于华之山无恨矣，三人力耶。今李生已得第，而又为老贵人从事；云台生亦显然有闻于诸公间。吾子之文，粲然成就如是。我不负华之山，而华之山亦将不负吾子之三人矣。以是思得聚会，话既往探历之胜，至于切磋善恶，分擘进趋，仆此世固不待学奴婢下人，指誓神佛而后已耳。吾子何所用意耶！明日东去，既不得面，寓书惘惘。

九月三日，弘农尉李某顿首。

这封以"与陶进士书"为题目的回信流传至今。在这封信中，李商隐的态度非常诚恳，称对方为"吾子"，这是非常恭敬的称谓，而称自己则是"仆"，完全没有那些被行卷者居高临下的倨傲。在回信的开篇，李商隐先解释了之前没有给他回信的原因："由于我离开了一个多月，不经常在这里，所以才多次折辱了您，此前没看到您的书信和诗文。昨天又收到您的大作《东冈记》等数篇，拜读之后，觉得不仅富有文采，又深刻隽永。"

对于行卷的读书人来说，能够得到对方的认可是一件非常重要的事。当陶进士看到这些时，应该是倍感兴奋的吧。李商隐在信中详细地讲了自己前几年参加进士科考试的经历，如何"数年，卒无所得"，又如何卑微地向人行卷。到后来考中，是因为令狐绹的极力推举。对这些"潜规则"，李商隐直言不讳，可见其磊落。在提到令狐绹时，李商隐心中定然是感慨万千的，他直言"时独令狐补阙最相厚，岁岁为写出旧文纳贡院"，那时令狐绹每年都会帮他把文章交到贡院，后来高锴主持考试的时候问他"八郎之交谁最善？"令狐绹强调了三次"李商隐"。令狐绹一直都是希望他能考中进士的，也在其中起到了关键作用。李商隐从未忘记令狐家的恩情，即便是给一位素不相识的人回信，也毫不掩饰。

对于博学宏词科已经被录取又被涂掉名字一事，李商隐说道："夫所谓博学宏词者，岂容易哉！天地之灾变尽解矣，人事之兴废尽究矣，皇王之道尽识矣，圣贤之文尽知矣，而又下及虫豸草木鬼神精魅，一物已上，莫不开会，此其可以当博学宏词者邪？恐犹未也。"他谦逊地表示：能够考中博学宏词科的必须要博古通今、才华横溢，而我又怎能算呢？如果日后皇上或者宰相问到我一些小若毛甲的事物而我又答不上来，那当真是罪过了。幸好有一位中书长者说"此人不堪"，把我的名字抹掉了。

这是李商隐的谦逊之词，从表述中来看，似乎对那位"中书长者"毫无怨言，反而还要感谢他涂掉自己的名字。有一些痛苦，只有真正释怀后才能从容讲起。以李商隐的性格，他又怎会甘心呢？只是那位说他"不堪"的"中书长者"，定然是位高权重之人，他开罪不起。这个残酷的社会已经给他上了好几次生动的课，曾经很多次在世俗的条条框框里撞得头破血流，他不得不努力让自己变得圆滑一些，就像给崔龟从行卷时那样，纵然笨拙得令人心痛，也总要去尝试。他接受了这个残酷的世界，对曾经的执念已然释怀。在大时代之前，一个人的小小执念算得什么呢？他只能尽人力、听天命，如果拼尽全力还是有得不到的，就释怀吧，不去责怪自己，也不必怨恨他人。无论收获了怎样的人生，都应当心怀感恩，放过别人，也放过自己。

移家长安

　　光阴荏苒，秋去冬来。李商隐在弘农尉任上越来越失望，每天要处理的都是一些鸡毛蒜皮的琐事，那些事情任是谁都做得来，他的才华几乎没有任何用武之地。这样枯燥而无聊的生活，让他愈发想念长安城，想念家中的母亲和依然在洛阳的妻子。

　　树上的叶子已经落光了，偶尔有鸟雀站在光秃秃的枝头，或哀鸣，或扑棱棱地飞向蓝天。眼看调迁无望，他不知道这样的日子还要持续多久。经过一番深思熟虑，他决定辞职。

　　如果说上次递交辞呈是出于气愤的一时冲动，而这一次则是经过深思熟虑的决定。陕虢观察使姚合见他去意已决，也不好坚持挽留，只能准允。

　　按照之前的计划，李商隐打算把母亲接到长安来。但是购置完屋宅后，他已经捉襟见肘了，母亲年纪大了，需要有车马才行。

　　一分钱难倒英雄汉，尤其像李商隐这样极重脸面的诗人，更是轻易不愿向人开口借钱。李商隐思来想去，决定求助于李执方。

李执方是王茂元妻子的兄弟，现任河阳三城怀州节度使。他曾在王茂元面前盛赞李商隐，因此李商隐得以结亲王家，李执方也从中出过力。李执方一直很欣赏李商隐的才华，两人虽然见面的次数不多，但一直保持着书信往来。

对李商隐的到来，李执方非常高兴。两人把酒言欢，谈起最近的状况。得知李商隐有难处，还不等李商隐开口，李执方便主动将一匹骡子和马车借给了他，还给他准备了足够的粮草和盘缠。

真正的朋友便是如此，他能听见你没有说出的话，能看见你眼里没有落下的泪。这世上从来不缺少锦上添花的人，而能雪中送炭的才最值得珍惜。

骡子脚步飞快，李商隐很快便回到了济源。为了感谢李执方，他特意给写了一封信：

> 祗承人回，伏奉诲示，并赐借骡马及野戍馆熟食、草料等。将远燕昭之台，犹入郑庄之馆，退自循揣，实逾津涯。况又恤以长途，假之骏足。一日而至，借车非类于东方；千里以遥，乘骡更同于蓟子。拜违渐远，负荷弥深，还望恩光，不胜攀恋。

其中"一日而至"并非说一天便到了济源，而是极言速度之快。典出《左传·庄公十二年》："南宫万奔陈，以乘车辇其母，一日而至。"李商隐习惯用典，即便是寻常书信，也总会引经据典。

此时李羲叟也在准备着科举考试，李商隐又给弟弟讲了很多自己科考的经验和教训,并鼓励弟弟好好准备。短暂的团聚之后,李商隐告别弟弟和弟媳,带着母亲赶回长安樊川的新居。

一切安排妥当后,李商隐又给李执方写了一封文采飞扬的信表示感谢:

不审自拜违后尊体何如?二十五翁尚书挺生公族,作范儒流,践履道义之门,优游名教之乐。伏料颐卫,无爽康宁,此盖人所祷祠,神保正直。下情伏增,忻贺之至。富平重镇,成皋巨防。自项太守非魏尚之才,司马失穰苴之令,坐骧戎律,乾没军租,谁谓殷若长城,翻见尽为敌国。二十五翁允膺宸眷,出总藩条。心作灵台,潜运黄公之略;手为天马,暗开玄女之符。单车以驰,杖节而入,尽羁骇兽,先殪捷猿。然后苏彼疲羸,惠此鳏寡,免飞刍挽粟之弊,除横征擅赋之门。昨者故侯,实有逆子,敢因微策,密有他图。人得而诛,天夺之魄,尽穷余党,半在中权。此际诚合绝洹水之波,腥长平之草。二十五翁曲分兰艾,大别淄渑,飞魂不冤,枯骨犹愧,此真所谓仁者之勇无敌,丈人之师以贞。名冠百城,功高一代。

而又梁园竹苑,素多词赋之宾;淮浦桂丛,广集神仙之客。以思柔之旨酒,用顺气之和声。初筵有仪,一石不乱。某才非掷地,辩乏谈天,著撰不工。王隐文宁逮意,懒慢相会;嵇康志有所安,而早预宗盟。又连姻娟,曲蒙赏会,略过辈流。况拔自州人,升为座客,将何以咏歌盛德，祗奉深恩？腼冒不容，顾瞻自失。

  伏以仍世羁宦，厥家屡迁。占数为民，莫寻乔木；画宫受吊，曾乏弊庐。近以亲族相依，友朋见处，卜邻上国，移贯长安。始议聚粮，俄沾厚赐，衣裾轻楚，足帛珍华，负荷不能，推让何及。虽娄公说汉，不问乎褐衣帛衣；而孔子观周，亦资于一车二竖。策微往哲，事过前修，傥非因不失亲，爱忘其丑，退惟寒薄，安所克堪？白露初凝，朱门渐远。西园公子，恨轩盖之难攀；东道主人，仰馆谷而犹在。丹霄不泯，白首知归。伏惟终始怜察。

李商隐一直是这样，帮助过他的人，他始终记在心里。

把母亲安顿好后，李商隐去了洛阳的崇让宅。夫妻相见，两人都喜不自胜。王宴媄对丈夫的决定非常支持，这也更让李商隐感动不已。弘农尉虽然官不大，但好歹也是个稳定的差事，妻子不仅没有责怪他任性而为，反而不断鼓励他。她相信丈夫的才华，相信他一定会有更好的发展。

然而妻子越是体贴，他越是觉得自己不够好。想到仕途失意、前程渺茫，他常常独自难过。

对于李商隐来说，开成末年、会昌初年是一段变动频繁的时期，而对于李唐王朝来说，也同样如此。唐文宗在"甘露之变"后大权旁落，几乎被宦官软禁，目睹了那么多朝臣被宦官屠戮，他更加悲愤不已，身体状况也越来越差。到开成五年（840年）的正月，这位刚过而立之年的年轻皇帝已经病入膏肓。

唐文宗预感到自己命不久矣，赶紧留下遗诏，令宰相杨嗣复、李珏辅佐太子李成美监国。宦官仇士良、鱼弘志知道消息后，当天晚上便伪造了一份遗诏，废黜太子李成美，立颖王李炎为皇太弟。正月初四，唐文宗便带着无限的遗憾与苦恨与世长辞。随后又是一番血雨腥风，李成美在府邸被杀，其支持者自然也遭到波及。

之后李炎即位，史称"唐武宗"。

公元841年，唐武宗改元"会昌"。他重用宰相李德裕，因此在会昌年间，"牛李党争"中的"李党"又占了上风。从谥号"武"也能看出，这位皇帝要比他的哥哥唐文宗果敢很多，他在位期间努力澄清吏治、改革积弊、削弱宦官的势力，使得唐王朝一度出现中兴局面，史称"会昌中兴"。不过，这位皇帝过于刚愎自用，又沉迷于修仙炼丹，唐王朝短暂的复兴中，也埋下了进一步衰落的祸根。

会昌元年（841年），王茂元出任为忠武节度使、陈许观察使。正好他需要一个可靠的掌书记，得知李商隐辞去了弘农县尉之职，便聘任他前来任职。

当时李商隐应该是打算参加吏部的选官考试的，但有可能是不喜欢当年开设的科目，或者是其他的原因，总之李商隐没去参加考试。夏天刚过，王茂元的聘请函便到了，李商隐决定接受聘任前往陈州（今河南淮阳）。

又是一次难舍难分的离别。彼时宅院里的紫薇花开得正好，李商隐忽然觉得，那花仿佛是为自己而开。初秋的雨纷纷落下，被打湿的花瓣犹如临风而泣的少女，令人望之心痛。从此后他与心爱的人又要分隔两地了，如果不能两人一同欣赏，那么自己走后紫薇花的开放还有什么意义呢？难过之下，他写下了《临发崇让宅紫薇》：

> 一树浓姿独看来，秋庭暮雨类轻埃。
> 不先摇落应为有，已欲别离休更开。
> 桃绶含情依露井，柳绵相忆隔章台。
> 天涯地角同荣谢，岂要移根上苑栽。

　　诗人从离别的感伤又想到了自己被排挤出京的遭遇。若非被人排挤，他应该早就在京城安家了。尾联中的"上苑"指长安城的上林苑，紫薇花无论是生长在什么地方，都会有一样的枯与荣，难道一定要生长在上林苑吗？就算是在远离京城的地方，也可以傲然绽放。

　　他努力让自己从悲伤情绪中解脱出来，只是心底的无奈与凄凉，纵然能骗得过别人，却骗不过自己。

子欲养而亲不待

在陈州的工作与以前做幕僚时基本一样,王茂元非常喜欢他的文笔,很多重要文章都放心地交给他去写。虽然生活稳定,但这样终归不是长久之计,他还是要回长安城的,毕竟母亲已经在长安了。

年关将至,李商隐辞别王茂元后去了洛阳,到崇让宅接上妻子王宴媄一起回了京城。

李商隐等这一天已经等了很久了,母亲终于得见儿媳,也非常开心。这个新年过得格外幸福,漂泊多年,李商隐终于在这座繁华的城市扎下了自己的根系。

会昌二年(842年)的正月,吏部开设了书判拔萃科的选官考试,李商隐以卸任弘农尉的身份参加了考试。这一次,他顺利过关,随后被授予秘书省正字之职。

秘书省正字属于正九品下阶。这是他第二次到秘书省任职了,不过比此前的校书郎职位低了一级。对此,李商隐虽然心中失落,但终归是可以在京城任职,总算过上了向往许久的生活。

白天,他在秘书省认真工作,晚上下班回家,妻子已经备好了晚饭，每天与母亲、妻子一起吃饭，那是他最幸福的时光。到休沐日，同僚们常常安排各种宴会，他也常在被邀之列，一群志趣相投的年轻人一起喝酒、写诗、行令，那真是一件令人快乐的事。便是在这段美好的时光里，李商隐写下了著名的《无题》：

> 昨夜星辰昨夜风，画楼西畔桂堂东。
> 身无彩凤双飞翼，心有灵犀一点通。
> 隔座送钩春酒暖，分曹射覆蜡灯红。
> 嗟余听鼓应官去，走马兰台类转蓬。

那是一次夜宴，李商隐和朋友们玩得非常开心。宴会中，有人玩划拳，有人玩射覆，欢笑声此起彼伏。主人家有一位姑娘对李商隐很有兴味，频频向他投来灵动又羞涩的目光。李商隐注意到了她的举动，四目相对，两人都有些怦然心动。

那位姑娘很有可能是主人家的家妓，而且宴会之中，可能会为众人跳舞、唱歌或者弹奏琵琶。李商隐家中已有妻子，当然不会对她有什么非分之想，只是美人如画，加上宴会的氛围，李商隐难免忍不住多看几眼。这场宴会一直持续到天明，李商隐听到报晓的鼓声，只好意犹未尽地去秘书省上班了。

到秘书省后，回忆起昨夜通宵达旦地玩乐，想到那位连名字都不知道的姑娘，李商隐将那种朦胧之美写成了这首经典的诗。

如果生活能够一直这样，那也是一件很美好的事了。然而命运对于李商隐来说，实在是令人扼腕。就在他终于舒心地过了几天好日子后，母亲的身体状况越来越糟糕。他急忙请医问药，然而遍寻长安城的名医，皆无济于事。这一年的冬天，母亲与世长辞。她守寡多年，含辛茹苦地将孩子们拉扯成人，最遗憾的是没有看到李商隐的孩子出生。

古代有守孝三年的规制，但凡官员的父亲或者母亲去世，除非皇帝夺情，为官者都要停职守孝三年。李商隐还没等到升迁的机会，便要暂时离开官场了。

落叶归根，母亲的遗体要归葬故乡。李商隐想起多年前父亲去世时，母亲带着他们一路返乡的情景。那时候他觉得，母亲的肩膀仿佛是天下最坚强的靠山，纵然风雨如磐，他也无所畏惧。而现在，他要像当年母亲一样撑起一片天，承担作为长子的责任。回想这些年离家在外的时光，他恍然如梦。他总以为母亲身体还好，以为总有膝前尽孝的机会，没想到安稳日子还没过上一年，母亲就去世了。树欲静而风不止，子欲养而亲不待，这是人间怎样的痛楚！

李商隐将母亲的灵柩送回郑州荥阳，与父亲李嗣合葬。

此前，家族的墓地积累了一些事情，正好这次为母亲落葬，又要守孝三年，李商隐将积攒的事情一件件都做了。

首先便是为曾祖母迁葬。曾祖母卢氏本应与曾祖父李叔恒合葬，但父亲李嗣客死他乡，当年母亲在安葬了父亲后已经无力操办迁葬之事，所以耽搁多年。李商隐为曾祖母迁葬，也算了了多年的一件心事。

其次是修葺处士叔的墓。李处士去世后，他的两个儿子没有多余的资财为父亲修一座像样的坟茔，此前也曾求助于李商隐，但当时李商隐忙于工作，一直没来得及帮忙，只能把这件事记挂于心。李处士是他的叔父，也是他的授业恩师。老先生一生清贫，去世后坟墓也被雨水泡得不成样子。这次回来，李商隐修葺了处士叔的坟茔，并好好地祭奠了一番。

再次便是为二姐迁葬。他还没长大时二姐便去世了，虽然漫长的时光已经模糊了她的容颜，但在他幼年的记忆里，始终有她清秀里带着哀伤的影子。她虽然名义上嫁到裴家，但是为裴家所不容，当年父亲急着去浙江任职，只好将她匆忙葬于获嘉。这些年来，李商隐心里一直记挂着这件事。这一次，他也终于将二姐的遗骨迁入郑州荥阳位于坛山的家族墓地。

会昌三年（843年），李商隐嫁给徐家的姐姐的丈夫去世了，而姐姐去世后葬在李家墓地，姐姐的遗骨要与丈夫合葬，徐家便来迁走了姐姐的遗骨。为此，李商隐特意写了《祭徐氏姊文》和《祭徐姊夫文》。

还有一件最令李商隐意难平的，就是最疼爱的小侄女寄寄的夭折。寄寄出生于李商隐考中进士那年，李家双喜临门，一家人都非常高兴。但没想到后来自己仕途不顺，而小侄女寄寄也于四岁时夭折。他一直记得那个聪明伶俐的小姑娘奶声奶气地喊自己"伯伯"时的样子，记得他爱玩的玩具和爱吃的糕点。寄寄刚夭折时，他正在京城，当时便想写点东西来悼念一下，但是悲痛之中，实在无从落笔，直到现在，才能直面这片结痂的伤疤。这一次迁葬的坟茔里，也有寄寄的。寄寄的遗骨之前葬在济邑，弟弟李羲叟和他一起将寄寄的遗骨迁葬到了荥阳坛山的家族墓地，让她不再孤单。回忆起往事，李商隐在悲怆之中写下了《祭小侄女寄寄文》：

正月二十五日，伯伯以果子弄物，招送寄寄体魄归大茔之旁，哀哉。尔生四年，方复本族，既复数月，奄然归无。……自尔殁后，侄辈数人，竹马玉环，绣襜文褓，堂前阶下，日里风中，弄药争花，纷吾左右，独尔精诚，不知所之。况吾别娶以来，胤绪未立，犹子之义，倍切他人。念往抚存，五情空热。呜呼，荥水之上，坛山之侧，汝乃曾乃祖，松槚森行，伯姑仲姑，冢坟相接。汝来往于此，勿怖勿惊。华彩衣裳，甘香饮食，汝来受此，无少无多。汝伯祭汝，汝父哭汝，哀哀寄寄，汝知之耶？

这篇祭文至情至哀，李商隐告诉疼爱的侄女：我把二姐的灵柩迁回了祖坟，现在来迁你的遗骨，让你回到祖先的怀抱里。伯伯为你选择墓穴，刻石碑、写墓志，明知这是超越了礼数的，但深情所寄，怎忍心不这样做呢？

李商隐和弟弟一起摆上寄寄生前最喜欢的玩具和食物，希望孩子的灵魂能来享用。兄弟俩都忍不住悲伤落泪，未有子嗣的李商隐，几乎是把寄寄当成自己的女儿看待。

守孝的那三年，李商隐为迁葬的事情多方奔波。而在朝廷之中，政治形势也正悄然发生着变化，李商隐期待着守孝期满能回到朝中有一番作为，却不知道还有更大的打击在等着他。

第六章

文墨生香：纸笔承泪，手写我心

将军大旆扫狂童

个人的命运总是与家国天下紧密相关。会昌年间，唐武宗李炎重用宰相李德裕，改革积弊，虽然牛李党争的矛盾依然存在，但国家朝政风气要比之前好一些。此前地方藩镇的势力越来越大，甚至有的节度使大搞"父死子继"——在父亲去世后，本应由朝廷委任的节度使之职被儿子承袭，并逼迫朝廷予以承认。此前朝廷唯唯诺诺，因为节度使手握兵权，为了避免其狗急跳墙发动叛乱，只好予以承认。

会昌三年（843年），泽潞节度使刘从谏去世。刘从谏曾培养其侄子刘稹，密谋在他死后由侄子来"承袭"自己的节度使之职。于是在刘从谏去世后，刘稹先是秘不发丧，然后擅自全权代理了刘从谏的职务。掌握了泽潞的军权后，他认为朝廷一定会向他下发正式的委任书。

但是出乎刘稹意料的是，他等来等去，没等到朝廷的委任书，却等来了讨伐的军队。

朝中对刘稹的做法基本分为两派——妥协派和主攻派。妥协派认为应该任命刘稹为泽潞节度使，朝廷不必大动干戈去讨伐；主攻派认为不可助长其嚣张气焰，务必出兵围剿。

最后，以宰相李德裕为首的主攻派占了上风，如果让地方节度使认为朝廷软弱可欺，那么之后还会有人效仿，长此以往，后果不堪设想。

王茂元被调任为河阳节度使，按照朝廷的命令从南面对泽潞的刘稹施压。此时李商隐正在为迁墓之事奔走，虽然不在朝中，但是对政治形势一直非常关心。王茂元就任后需要给刘稹写一封劝诫信，让他迷途知返。在王茂元的请托下，李商隐写了《为濮阳公与刘稹书》。

不过，对于一个执迷不悟的人来说，李商隐那篇文采飞扬、言语恳切的劝诫书与一张白纸没什么两样。会昌三年（843年）的五月，朝廷令此前已经做好准备的各路军队围攻泽潞。

李商隐一直关心这件事，有一次在昭应县（今陕西临潼）遇到了将要奔赴前线的户部李郎中，两人相谈甚欢。邪不胜正，李商隐相信朝廷大军一定会击败刘稹，在送别李郎中时，李商隐写下了《行次昭应县道上，送户部李郎中充昭义攻讨》一诗：

> 将军大斾扫狂童，诏选名贤赞武功。
> 暂逐虎牙临故绛，远含鸡舌过新丰。
> 鱼游沸鼎知无日，鸟覆危巢岂待风。
> 早勒勋庸燕石上，伫光纶绂汉廷中。

李商隐将刘稹称为"狂童"，对其拙劣行为极尽蔑视。整首诗中都流露着必胜的信心，他相信刘稹很快就会被击败。

不过，两军对峙不是一首诗就能决定胜负的，真正的战场上刀剑嗜血、死伤无数。与刘稹的交战并不顺利，已经年近古稀的王茂元急火攻心，原本健康状况已不容乐观，加上这段时间的劳累与惊吓，很快便病入膏肓。

而此时战乱仍在继续。太原节度使李石派遣都将杨弁率领1500名士卒去讨伐刘稹，然而军队抵达太原后，李石却把本应每人两匹的绢改成了每人一匹，这引起了士兵的激愤，杨弁见状，便鼓动士兵发动暴乱，在城中大肆劫掠，随后又与刘稹约为兄弟，两人沆瀣一气，一时间局面混乱不堪。

虽然后来刘稹和杨弁的叛乱被平定下去，但王茂元没等到最后的胜利。九月，这位戎马一生的老人带着无尽的遗憾与怅然永远地闭上了眼睛。

他临终之前留下遗言，由女婿李商隐代草遗表。事发突然，李商隐当时并不在王茂元身边，消息传来时，李商隐先是震惊，而后是悲痛，妻子王宴媖更是痛哭失声。

对于李商隐来说，王茂元是继令狐楚、崔戎之后的第三位恩人，而且与王茂元更多了一层亲人关系。这几年中，他经历了太多的生离死别，那些爱他的人都一个个先他而去，多少美好的回忆皆化作噬心蚀骨的痛。

李商隐一生中代三个人写过遗表，前两篇是崔戎和令狐楚的，第三篇便是王茂元的。这是他能为王茂元做的最后一件事，遗表的内容字字斟酌，句句中肯。之后，他又帮王茂元的长子王瓘拟写了《为王侍御瓘谢宣吊并赗赠表》。

朝廷追赠王茂元为"司徒"，谥号定为"威"。李商隐为王茂元写了两篇祭文，第一篇大约写作于会昌四年（844年）

李商隐诗传

初，彼时王茂元去世不久；第二篇写作于同年的八月间，彼时王茂元的灵柩已经运回洛阳。

《祭外舅司徒公文》是一篇中规中矩的祭文，大体是追叙王茂元生平，字里行间皆流露出深深的赞颂与悲悼之情。而《重祭外舅司徒公文》则与常规的祭文不太一样，更多的是在议论与抒情：

呜呼哀哉！人之生也，变而往耶？人之逝也，变而来耶？冥寞之间，杳惚之内，虚变而有气，气变而有形，形变而有生。今将还生于形，归形于气，漠然其不识，浩然其无端，则虽有忧喜悲欢，而亦勿能措于其间矣！苟或以变而之有，变而之无，若朝昏之相交，若春夏之相易。则四时见代，尚动于情，岂百生莫追，遂可无恨！倘或去此，亦孰贵于最灵哉？

呜呼！公之世胄勋华，职官扬历，并已托于寄奠，备在前文。今所以重具酒牢，载形翰墨，盖意有所未尽，痛有所难忘。以公之平生恩知，曩昔顾盼。属纩之夕，不得闻启手之言；祖庭之时，不得在执绋之列。终哀且痛，其可道耶？

呜呼！七十之年，人谁不及？三公之位，人谁不登？何数月之间，不及从心之岁；闻天有恸，方登论道之司。时泰命屯，才长运否。为善何益，彼苍难知。昔泽怪既明，告教释桓公之病；阴德未报，夏侯知丙吉不亡。何昔有其传，今无其证？岂人言之不当，将天道之或欺！虽北海悬定薨期，长沙前觉灾至。偃如巨室，去若归人。处顺不忧，得正之喜。在公之德斯盛，在物之痛何言！矧乎再轸虑居，屡垂理命。简子将战之誓，惟止桐棺；晏婴送死之文，宁思石椁。素车朴马，疏巾弊帷。成一代之清规，扬百年之休问。所谓有始有卒，高明令终。

呜呼！往在泾川，始受殊遇。绸缪之迹，岂无他人？樽空花朝，灯尽夜室。忘名器于贵贱，去形迹于尊卑。语皇王致理之文，考圣哲行藏之旨。每有论次，必蒙褒称。及移秩农卿，分忧旧许，羁牵少暇，陪奉多违。迹疏意通，期赊道密。纻衣缟带，雅贶或比于侨吴；荆钗布裙，高义每符于梁孟。今则已矣，安可赎乎？呜呼哀哉！千里归涂，东门故第。数尺素帛，一炉香烟。耿宾从之云归，俨盘筵而不御。小君多恙，诸孤善丧。登堂辄啼，下马先哭。含怀旧极，抚事新伤。植玉求归，已轻于旧日；泣珠报惠，宁尽于兹辰。况邢氏吾姨，萧门仲妹。爱深犹女，恩切仁兄。抚嫠纬以增摧，阖孀闱而永恸。草菱土梗，旁助酸辛。高鸟深鱼，遥添怨咽。

呜呼！精神何往，形气安归？苟才能有所未伸，勋庸有所未极，则其强气，宜有异闻。玉骨化于锺山，楸柏实于裴氏。惊愚骇俗，伫有闻焉。呜呼！姜氏怀安之规，既闻之矣；毕万名数之庆，可称也哉！箧有遗经，匣藏传剑，积兹馀庆，必有扬名。愚方遁迹邱园，游心坟素，前耕后馌，并食易衣。不忮不求，道诚有在，自媒自炫，病或未能。虽吕范以久贫，幸冶长之无罪。昔公爱女，今愚病妻。内动肺肝，外挥血泪。得仲尼三尺之喙，论意无穷；尽文通五色之毫，书情莫既。呜呼哀哉，公其鉴之！

  李商隐是个重情重义之人，纵然千余年逝去，他字里行间的哀恸依然触手可及。他还记得"往在泾川，始受殊遇"的情景，彼时他博学宏词科落第，京城中谣传着各种中伤他的流言蜚语，而王茂元却给了他一个温暖的避风港。在遭受多方质疑之时，王茂元却依然相信他、认可他，甚至将最疼爱的小女儿嫁给自己。这份恩情，是他永生难忘，也是难以报答的。

  还好，他还有妻子王宴媄。她是他的妻子，更是他的知己。在那段最艰难、最痛苦的时光里，两人相濡以沫，携手前行。

鬓入新年白，颜无旧日丹

李商隐四处奔忙时，曾收到刘评事（评事，官职名，从八品下）的诗和信。当时刘评事不得重用，便在永乐县隐居下来。正忙得焦头烂额的李商隐很是羡慕他的生活，回信之中，还回赠了一首诗《和刘评事永乐闲居见寄》：

> 白社幽闲君暂居，青云器业我全疏。
> 看封谏草归鸾掖，尚贲衡门待鹤书。
> 莲耸碧峰关路近，荷翻翠扇水堂虚。
> 自探典籍忘名利，欹枕时惊落蠹鱼。

他相信刘评事很快就会得到重用，而自己只怕是没什么希望了。除了刘评事，还有一位姓韦的评事也在这里隐居，李商隐在与他们书信往来的过程中，回忆起了许多永乐县（今山西省运城市芮城县永乐镇）的美景。他曾在永乐县住过一段时间，屋宅外的花木还是他亲手栽种的，此时应该也长大了。

于是在家里的事情都打理停当后，会昌四年（844年）的暮春，李商隐带着妻子去了永乐县。

永乐县位于黄河的北岸，虽然不及长安的繁华，但好在风景宜人。这几年事情不断，李商隐花费颇多，此时已经捉襟见肘。住在这里可以减少一些开销，等守丧期满再回京城。

之前杨弁的暴乱也殃及了这里，好在现在暴乱已经平定，而此时刘评事和韦评事也都已经离开了这里，到底是没能遇见他们，李商隐不禁心中怅然。他写了一首诗，题为《大卤平后移家到永乐县居，书怀十韵寄刘、韦二前辈，二公尝于此县寄居》：

驱马绕河干，家山照露寒。
依然五柳在，况值百花残。
昔去惊投笔，今来分挂冠。
不忧悬磬乏，乍喜覆盂安。
甑破宁回顾，舟沉岂暇看。
脱身离虎口，移疾就猪肝。
鬓入新年白，颜无旧日丹。
自悲秋获少，谁惧夏畦难。
逸志忘鸿鹄，清香披蕙兰。
还持一杯酒，坐想二公欢。

诗题中的"大卤平"即指杨弁在太原发动的叛乱被平定。某一天清晨，诗人策马于黄河之滨，河水滔滔，晨露映着太阳的光辉，虽然是春天，却显得异样清寒。家门前的柳树依然是从前的样子，嫩绿的枝条在晨风中轻轻摇曳，大概陶潜家门口的五株柳树也是如此吧。看着眼前的美景，诗人回忆起这几年林林总总的事情。做幕僚，做官，又做幕僚，再做官，而现在无官一身轻，走遍天涯后，他才发觉家里才是最美好的地方。

这一年李商隐三十二岁，按理说正当壮年，可李商隐却觉得自己老了很多，就连头发也有悄然变白的了。他叹道："鬓入新年白，颜无旧日丹。"这几年的奔波，更是让他的容颜也苍老了许多。在这山青水碧的地方闲居，他甚至萌生了退意，如果刘评事和韦评事也在，他们三人开怀畅饮、评古论今，该有多么快乐啊！

在这段闲居的日子里，李商隐写了不少山水田园类的作品，字里行间颇有一种隐者风度。《永乐县所居，一草一木无非自栽，今春悉已芳茂，因书即事一章》便是其中之一：

> 手种悲陈事，心期玩物华。
> 柳飞彭泽雪，桃散武陵霞。
> 枳嫩栖鸾叶，桐香待凤花。
> 绶藤萦弱蔓，袍草展新芽。
> 学植功虽倍，成蹊迹尚赊。
> 芳年谁共玩，终老邵平瓜。

门前的一草一木都是他亲手栽种的，回忆起往事，不禁心中悲凉。柳树的飞絮犹如白雪般纷纷落下，桃花正开得如火如荼。想到自己仕途不顺，他心中黯然，几年来，他的官袍始终没有脱离那青草一样的颜色（唐代官服中，低级官员官袍为青色）。虽然自己早已学业有成，在仕途的发展上却始终事倍功半。他担心自己永无出头之日，前途渺茫，不知该何去何从。"芳年谁共玩，终老邵平瓜"运用邵平卖瓜的典故，感慨自己知音难遇、韶华已逝，恐怕不免像邵平种瓜一样终老故乡。

闲居的这段时间里，李商隐写了很多作品，大多是即景抒情。他写山、写水、写花、写雪、写月，写自己怀才不遇的感伤，写自己对于国家政事的忧心。表面上风轻云淡，内里却字字看来皆是血。如《忆雪》《残雪》《正月十五夜，闻京有灯恨不得观》《赋得月照水池》《赋得桃李无言》《落花》等等，皆是作于此时。有时候与朋友们宴饮交游，也免不得席间写诗，有的是认真酬唱，有的是戏谑之作，如《县中恼饮席》。除此外，他还和远方的朋友们互相写诗唱和。尤其是令狐绹，他们已经很久没有联系过了，想到曾经同窗读书的情景，竟恍如隔世。秋天到来时，他身体抱恙，念及过往种种，心中愈发感伤，于是他提笔，给令狐绹写了一首《寄令狐郎中》：

嵩云秦树久离居，双鲤迢迢一纸书。
休问梁园旧宾客，茂陵秋雨病相如。

他们分隔两地，已经许久未见，只有用书信彼此传递消息。李商隐感叹秋雨凄凉中，偏偏自己又身体抱恙，在无边的落寞与怅然中，只能对着秋雨思念旧友。

对于诗人来说，文字是连接内心与外界的桥梁。外面的人可以通过这座桥梁走进诗人的内心，只是李商隐的这座桥梁过于阳春白雪，外面的人总是走不进来。至于那些达官显贵，甚至是连看都懒得看一眼。在漫长的历史长河中，能够读懂义山的人自然是有的，可遗憾的是他们错失于不同的时空。在义山生活过的短暂岁月中，能够读懂他的人少之又少，他的才华，总是如远山之火一样寂寞燃烧。

衮师骄儿，美秀无匹

岁月如风，转眼经年。如果说有什么值得李商隐开心的，那一定是爱子的到来。

那是会昌五年（845年）一个平凡的日子，妻子身体不适，便请了郎中来诊脉。郎中告诉他，要好生照顾夫人，因为夫人已经有了身孕。

李商隐狂喜不已。他们已经有一个女儿，具体生年已经不可考据，只能从李商隐的一些诗文中推测出来。古人都有诞育儿子来继承家业的观念，所以李商隐夫妻俩也希望能再生个男孩。

为了生活环境能更舒适一些，他们搬回了洛阳的崇让宅。李商隐守丧期满，也到了复职的时候，没过多久，他们又回到了长安城。

在这之前，李商隐还曾在郑州刺史李褒的幕府中做了一阵子幕僚。按理说，守丧期未满不应该去做幕僚的，但这几年坐吃山空，除了帮人代笔写写文章能获得一些报酬外，便没有任何经济来源了。

会昌五年（845年）的十月，李商隐回到秘书省继续担任正字之职。

生活终于又回到了正轨，李商隐长出了一口气。会昌六年（846年），妻子诞下一名男婴，李商隐喜不自胜，为这个期待已久的小生命取名为"衮师"。

"衮"意为帝王的礼服，衮师，即帝王之师。

李商隐对这个孩子抱有极大的期许。他希望儿子能够才德兼备，成就一番事业。

巧合的是，李衮师出生前不久，大诗人白居易与世长辞。白居易的儿子白景特意邀请李商隐来为父亲撰写墓志铭，因为白居易晚年非常喜欢李商隐的诗，甚至说过"我死后，能够转世成为你的儿子也满足了"（《唐才子传》：我死后，得为尔儿足矣！）这样的话。李商隐当然也希望自己的儿子能够像白乐天一样才华横溢，于是为爱子取字为"白老"。

古人相信人有灵魂，相信转世之说。后来李衮师聪明俊秀，于是有人说李商隐的儿子是白居易的转世。

"转世"之说固然不可信，但这件事足以证明白居易对李商隐的欣赏。

对于李商隐来说，妻子和儿子是他最大的慰藉。小家伙遗传了父亲和母亲的良好基因，不仅长相清秀可爱，而且聪明伶俐。李衮师长到四岁时，便像个小大人一样，知道谦让，又喜欢学习。西晋左思曾为两个心爱的小女儿写下《娇女诗》，李商隐受其启发，也为自己心爱的儿子写下了《骄儿诗》：

衮师我骄儿，美秀乃无匹。文葆未周晬，固已知六七。
四岁知名姓，眼不视梨栗。交朋颇窥观，谓是丹穴物。

李商隐诗传 | 173

前朝尚器貌，流品方第一。不然神仙姿，不尔燕鹤骨。
安得此相谓，欲慰衰朽质。青春妍和月，朋戏浑甥侄。
绕堂复穿林，沸若金鼎溢。门有长者来，造次请先出。
客前问所须，含意不吐实。归来学客面，闶败秉爷笏。
或谑张飞胡，或笑邓艾吃，豪鹰毛崱屴，猛马气佶傈。
截得青筼筜，骑走恣唐突。忽复学参军，按声唤苍鹘。
又复纱灯旁，稽首礼夜佛。仰鞭罥蛛网，俯首饮花蜜。
欲争蛱蝶轻，未谢柳絮疾。阶前逢阿姊，六甲颇输失。
凝走弄香奁，拔脱金屈戌。抱持多反侧，威怒不可律。
曲躬牵窗网，略唾拭琴漆。有时看临书，挺立不动膝。
古锦请裁衣，玉轴亦欲乞。请爷书春胜，春胜宜春日。
芭蕉斜卷笺，辛夷低过笔。爷昔好读书，恳苦自著述。
憔悴欲四十，无肉畏蚤虱。儿慎勿学爷，读书求甲乙。
穰苴司马法，张良黄石术。便为帝王师，不假更纤悉。
况今西与北，羌戎正狂悖。诛赦两未成，将养如痼疾。
儿当速成大，探雏入虎穴。当为万户侯，勿守一经帙。

这首诗创作于大中三年（849年）的春天，当时李商隐任职京兆府尹掾曹，主章奏，依然是一个小职位。他在诗的前半部分盛赞儿子长相俊美、气度不凡，而且又热爱学习、善于模仿，更难能可贵的是，这个年仅四岁的孩子非常懂礼貌，出门的时候总是让长辈先行。别人都是希望子承父业，但李商隐却不这样想。他感叹自己"爷昔好读书，恳苦自著述。憔悴欲四十，无肉畏蚤虱"，想到自己读了那么多书、写了那么多文章，有什么用呢？到现在已经快四十岁了，还是穷困潦倒、事业无望，身上瘦削无肉，特别害怕跳蚤和虱子。跳蚤和虱子隐喻那些排挤他、在他背后说坏话的弄权小人。他告诫儿子："儿慎勿学爷，读书求甲乙。"这不是反话，而是发自内心的无奈之语。他希望儿子不要像自己一样，苦读诗书考取功名，并没有什么发展。"穰苴司马法，张良黄石术。便为帝王师，不假更纤悉。"他告诉儿子，应该学习司马穰苴的兵法、黄石老人传给张良的韬略，这样才能人如其名，成为帝王之师，不必依靠那些琐细的学识。

那个曾经双眸清澈、棱角分明的少年，在混沌的世俗里摸爬滚打了一圈后，只落得浑身累累的伤痕。他将自己的教训写在诗里，希望渐渐长大的儿子能够读懂父亲的一片良苦用心。他只希望儿子平安喜乐，不要像他这样颠沛流离。

相别万里

李商隐在秘书省任正字时,朝中政局又发生了一次巨大变化。唐武宗因为酷爱道教,长年累月地服用各种丹药,其结果是不仅没有换来幻想中的长生不老,反而按下了生命的加速键。会昌六年(846年)三月,年仅三十三岁的唐武宗便溘然崩殂了。

为此,李商隐写了《昭肃皇帝挽歌辞三首》:

其一
九县怀雄武,三灵仰睿文。周王传叔父,汉后重神君。
玉律朝惊露,金茎夜切云。茄箫凄欲断,无复咏横汾。

其二
玉塞惊宵柝,金桥罢举烽。始巢阿阁凤,旋驾鼎湖龙。
门咽通神鼓,楼凝警夜钟。小臣观吉从,犹误欲东封。

其三
莫验昭华琯,虚传甲帐神。海迷求药使,雪隔献桃人。

桂寝青云断，松扉白露新。万方同象鸟，举恸满秋尘。

"昭肃"是唐武宗的谥号。李商隐的这三首悼亡诗写得非常中肯，赞美与讽刺各半，而唐武宗确实也是一个优点与缺点各半的皇帝。

第一首诗中，李商隐客观地描述了唐武宗的突然崩逝：九州百姓怀念英武的皇帝，天、地、人皆仰慕他的成就。唐武宗没有子嗣，临终前将皇位传给皇太叔。他像汉武帝相信神君的存在一样，也相信人可以飞升成仙。可叹的是这位皇帝纵然铸造了承接露水的金茎，但还是不能延年益寿。哀乐声奏响，这位皇帝再也不能东山再起了。

第二首诗中，李商隐肯定了唐武宗讨伐回鹘、平定刘稹之乱的功绩，然而在天下大局刚刚平稳之时，这位皇帝却突然崩逝，大家完全没有做好思想准备，甚至觉得皇帝还活着。

第三首诗中，李商隐从"昭华琯"这支玉笛写起，传说吹奏这支玉笛便可以看见仙境，"甲帐"是神仙的居所，而这些都只是"虚传"而已，偏偏皇帝却深信不疑。唐武宗服用所谓的"仙丹妙药"后性情暴躁、喜怒无常，现在突然崩逝，所谓"羽化飞升"也都是不可能的，人们为他举行了隆重的葬礼，从此后只有新松白露伴他长眠于地下。

继任者唐宣宗是个大智若愚的人。多年来，他掩藏锋芒、装痴装傻，以至于宦官们以为他是个绝佳的傀儡，因此一同拥护他上位。即位的第二年，唐宣宗改元"大中"。很快，这位皇帝便表现出了智者的锐利，他整顿吏治、限制宦官，并为"甘露之变"中众多含冤而死的朝臣翻案。他为人明察果断，又能虚心纳谏，颇有唐太宗的气度，也因此被称为"小太宗"。他在位十四年，朝政还算稳定，李商隐之后的人生便皆在大中年间。

不过，李商隐的仕途并没有因此好转。此时"牛李党争"依然在持续着。之前由于唐武宗信任宰相李德裕，使得李党一直占据上风，这回唐宣宗即位，李党的地位一落千丈，李德裕更是被一贬再贬，最后竟被贬到了崖州（今属海南三亚），没过多久，这位年逾花甲的老人便孤独地死在了那里。

有人认为李商隐之所以一直不得赏识，是因为先从牛党（令狐楚），后从李党（王茂元），其实未必如此。令狐家固然可以算是牛党，但王茂元在世时并未参与党争之事，他对双方一直保持着同样的态度。有人认为李商隐娶王茂元的女儿是背弃牛党之举，因此牛党的一些人极尽排挤之能事，将李商隐的仕途堵得死死的，使得这位才华横溢、心怀大志的诗人始终壮志难酬。

所谓"众口铄金，积毁销骨"，社会舆论便是如此。李商隐无处为自己辩白——相信你的人不听你解释也会相信你，不相信你的人纵你解释了千万遍依然不会相信你。

大中年间，牛党的势力又旺盛起来，而李商隐的仕途却愈发黯淡。

李德裕被贬黜时，众多李党人物受到牵连，其中曾得到李德裕提携的给事中郑亚也被免职，随后被调任为桂州（今广西桂林）刺史。

此时李商隐依然在秘书省任职，虽然只是一个九品芝麻官，但朝中局势骤然变化，人人自危，虽然他和李党没有什么瓜葛，但人言可畏，既然他曾"背弃"牛党，那自然是李党的人了，于是人们开始疏远他、排挤他。

大概是知道李商隐在秘书省任职并不快乐，于是郑亚向他发出了邀请，希望他能做自己的幕僚，同他一道前往桂州。

如果李商隐不接受，以此与李党人划清界限，表明自己与李党毫无瓜葛，或许人们对他的印象会有所改观，他之后的仕途也许会有所好转。但偏偏李商隐是个没有城府的人，他又一向同情弱者，就像萧浣被贬黜时，别人都慌忙与其撇清关系，李商隐却与其交好，又互相写诗酬唱，甚至萧浣在贬黜地去世后，他还为萧浣写了《哭遂州萧侍郎二十四韵》来哀悼他。

心性纯良、惯于同情弱者的诗人，实在不适合尔虞我诈的官场。

李商隐接受了郑亚的邀请。算起来，郑亚还是他的同乡，也许是出于对郑亚处境的同情，也许是出于同乡之谊，也许是想远离那些流言蜚语，总之李商隐辞离了安稳的秘书省，告别了妻子和心爱的儿子，随郑亚去了遥远的桂州。

这一年，李商隐的弟弟李羲叟参加了进士科的考试，李商隐一直惦记着，希望弟弟能够榜上有名。离开长安城之前，进士科金榜贴了出来，当李商隐看到弟弟的名字也在其中时，不禁高兴不已。为此，他还特意以李羲叟兄长的身份给主考官吏部侍郎魏扶写了一封感谢信和一首五言律诗。

弟弟终于进士及第，也算了却了一桩心事。但李商隐深知,进士及第只是刚刚开始,之后的仕途将会怎样,谁都无法预料。他只能在心中默默祝福弟弟,希望他能够青云直上,不要像自己这样,已经三十五岁还是为人做幕僚,且又不得不与最爱的人分别,颠沛四方。

第七章
宦海浮沉：白云苍狗，官场无常

天意怜幽草,人间重晚晴

最怕离别,却偏偏经常离别。大中元年(847年)的三月初七,长安城花开锦簇,而李商隐却不得不与家人分别,在无限留恋与不舍中,开始了漫长的行程。

朝廷在长安城通化门东十五里外的长乐驿安排了饯别宴,这是例行公事的规矩,被送行的官员还要写一封谢上表,当然,表文是由李商隐完成的。《为中丞荥阳公赴桂州长乐驿谢敕设馔状》是他开启桂州之行的第一篇代笔公文,虽然此前也为郑亚代笔过不少例行公事的文章,但这一篇是他离开长安城的当天所写,心情也与以往不同。

马车的轮子吱呀呀地转着,路旁的风景渐渐后退,长安城,那座承载着无限苦辣酸甜的城市渐渐远去。但李商隐的心却留在了城中,留在了妻子和孩子身上。想到离别时妻子含泪的笑容,他甚至有反悔的冲动。

什么时候才能回到长安啊?

抵达邓州时,李商隐在驿馆遇见了一位将要进京的薛姓年轻人,一时灵机一动,托这位薛郎给度支侍郎卢弘止带了一封信:

> 某行已及邓州，回望门阑，如隔霄汉。感知佩德，不任血诚。某揣摩莫闻，疏拙有素。侍郎奖其薄伎，凤降重言。而时亨命屯，道泰身否。属兹淹踬，不副提携。今者万里衔诚，一身奉役，湖岭重复，骨肉支离。……鼓长楫以济时，运洪钧而播物。则某必冀言旋上国，来拜恩门。……

算起来，卢弘止还是李商隐的远房亲戚。早年未进士及第时，李商隐就曾拜谒过他，曾受到卢弘止的盛赞。李商隐为母亲守丧期间曾几次迁墓，特意邀请了一位卢尚书为曾祖母等人撰写墓志，这位"卢尚书"极有可能就是卢弘止。

李商隐希望卢弘止能够向自己伸出援手，助他早日回到京城，若能心愿达成，他必会登门拜谢。

写这封信时当是三月下旬，离开京城刚十几天，李商隐便已经想回京城了。

离开邓州后，他们取路襄州（今湖北襄阳）、荆州（今湖北江陵）、潭州（今湖南长沙），足足走了两个月，五月初九这一天，风尘仆仆的一行人终于抵达了桂州。

大部分路程都是乘船的，河岸旁的树木花草、峰峦形态皆一点点变化，到桂州时，山峰变得极其秀美。

心情沉闷之时，写诗是最好的排遣之法。这一路上，李商隐除了为郑亚写作例行的公文外，还写了一些抒发心事的即景诗。李商隐心里牵挂着妻儿，越是行程漫漫，越是想回到家中。人到中年，便没有了年少时那种浪迹天涯的向往，只想和家人安安稳稳地过日子。尤其是在洞庭湖遭遇风浪时，

他愈发思念家人。感慨之余,他写下了《荆门西下》:

> 一夕南风一叶危,荆云回望夏云时。
> 人生岂得轻离别,天意何曾忌崄巇。
> 骨肉书题安绝徼,蕙兰蹊径失佳期。
> 洞庭湖阔蛟龙恶,却羡杨朱泣路岐。

一夜狂风,几乎将他们乘坐的一叶扁舟摧毁,回望荆州的方向,只能看到悠悠白云。人生怎能轻易别离呢?可天意总是将厄运降临到人们头上。他不愿与家人分开,然而命途多舛,他亦无可奈何。

除此外,还有《岳阳楼》《梦泽》等。抵达桂州后,李商隐又以一首《桂林》写下了自己对桂州的最初印象:

> 城窄山将压,江宽地共浮。
> 东南通绝域,西北有高楼。
> 神护青枫岸,龙移白石湫。
> 殊乡竟何祷,箫鼓不曾休。

桂林的山虽然没有那么高,但非常陡峭,与之相对,山下的漓江却显得比山要宽很多。东南方雨水多、江面宽,漓江流向远方,一直通往那最辽阔的水域。桂州城西北方向有一座非常高的楼,令人想到《古诗十九首》中"西北有高楼,上与浮云齐"之句,那座高楼应是全城的最高建筑,为全城所瞩目。异地他乡,风俗也与中原一带极其不同,他们吹箫、打鼓来祭祀祝祷，声音非常嘈杂，李商隐听着不太舒服，也不知道他们何时才能安静下来。

虽然山明水秀，但是异乡的风景无法抚平游子的心伤。李商隐不知道，当他选择接受郑亚的聘任时，便已经被人们强行打上了李党的标签。与他渐行渐远的令狐绹对他越发不满，认为他背恩忘义。在政治场中，过于善良往往会成为一个人的弱点。如果李商隐能够及时与被打压的李党人士划清界限，或许可以有很好的发展，只是那将不是千百年来为人们所爱的李义山了。或许后来的李商隐也后悔过，如果时光倒流，以他的性格，只怕依然会选择接受郑亚的聘任。

在桂州的这段时间里，李商隐公务很是繁忙，经常要代笔各种公文。他的才华，难道就是用来写这些毫无营养的公文的吗？他不甘心，却又没有其他出路。有一次忙完公务，他到外边的树林里散步，走到树林深处时，发现一棵樱桃树上，翁郁的叶子里竟然还藏着一颗娇艳欲滴的红樱桃。一时间感慨万千，这颗被埋没在千林万叶中的红樱桃，不正是壮志难酬的自己吗？

感慨之下，他写下了这首《深树见一颗樱桃尚在》：

高桃留晚实，寻得小庭南。
矮堕绿云鬓，欹危红玉簪。
惜堪充凤食，痛已被莺含。
越鸟夸香荔，齐名亦未甘。

樱桃树叶子低垂,犹如女子的发髻,那颗红色的樱桃就像斜插在头发上的红玉簪。这樱桃本应为凤凰所食,可现在却要被莺鸟啄食,实在是可悲。

在这个荒凉的地方,很多人都盛赞李商隐的才华,但是有什么用呢?这里远离京城、远离亲人,那些赞美虽然字字动听,但对他心中的理想而言没有任何帮助。他们越赞美他,他越是孤独。于是他写道:"越鸟夸香荔,齐名亦未甘。"纵然与南越人所赞美的荔枝齐名,樱桃依然是不甘心的。

颠沛坎坷的命运,成就了李商隐一首首脍炙人口的诗篇。在这段时间里,李商隐的诗歌大多是自伤身世、思念家人或感慨怀才不遇的,如《寓目》《思归》《北楼》等。年少时他曾非常喜欢诗鬼李贺的作品,没想到人至中年才惊觉,自己的命运轨迹竟也和李贺如此相似。不过,李商隐依然是心怀希望的,也许经历了这些坎坷,之后的人生就会有转机哪。怀着这样的心情,李商隐写下了《晚晴》:

深居俯夹城,春去夏犹清。
天意怜幽草,人间重晚晴。
并添高阁迥,微注小窗明。
越鸟巢干后,归飞体更轻。

那年初夏的一天,雨一直下个不停,直到傍晚时分终于云开雨霁,金色的阳光镀满了千山万叶,到处都是一片生机,被雨水洗涤过的幽幽碧草更显得娇美可爱。也许人生也会如此吧?经历了那么多风雨,到晚年时或许就会一切顺遂了。

阳光将飞鸟的巢穴晒干了,所以那些可爱的小精灵愈发体态轻盈,在林间欢快地飞来飞去。李商隐相信,属于他的阳光一定会到来的,纵然晚一点,也没关系。

"牛李党争"的夹缝

有一天，郑亚忽然收到一封信和一大摞文稿。原来这些是被贬为潮州司马的李德裕派人送来的。客观而言，李德裕是一位不错的宰相，历史上对他的评价很高，近代梁启超更是将他与管仲、商鞅、诸葛亮、王安石、张居正并列。在唐武宗执政时期，他外攘回鹘、内平泽潞，为国家的稳定做出了重要贡献。被贬潮州后，他深知自己大势已去，这一生的功过都将留与后人评说。他希望把自己的文章整理结集，于是将文稿抄与郑亚，希望他能为自己的文集作序。

这个任务自然落到了掌书记李商隐的肩上。郑亚非常信任他，很多文章都是交给他去完成的。为李德裕文集作序，这似乎是进一步证明了李商隐为李党之人，但心无城府的诗人不会这么想。他总是忍不住同情弱者，对曾经为唐王朝做出过重要贡献的李德裕，他更是忍不住为其感到不公。李德裕红极一时时，李商隐没有沾到任何光，反而是在他跌落谷底、人人避而远之的时候，却与他有了交集。牛李党争或许成就了某些见风使舵的精致的利己主义者，却毁了多少如李商隐这样心如赤子的国之英才！李商隐从未想过站在谁的阵营里，人生路口的每一个选择，皆是出于本心，与利益无关。

李商隐将这个任务看得格外庄严、重要，他认真地将李德裕的所有文稿读了一遍，对他的敬佩之情愈发深刻。于是《太尉卫公会昌一品集序》由此问世，全文洋洋洒洒，将近三千字：

> 唐叶十五，帝谥昭肃，始以太弟，茂对天休，遂临西宫，入高庙，将以准则九土，指麾三灵。乃顾左右曰："我祖宗并建豪英，范围古昔，史卜宵梦，震嗟不宁，是用能文，惟睿掌武，以永大业。今朕奉承天命，显登乃辟，庸不知帝赉朕者，其谁氏子焉？"左右惕兢咸灵，迷挠章指，周讷扬吃，不能仰酬。既三四日，乃诏曰："淮海伯父，汝来辅予。"
>
> ……

为人作序难免有溢美之词，为了称赞李德裕，序文的开篇从唐武宗登基后寻求良相写起，颇有点传奇话本的色彩，这便为后文盛赞李德裕做好了铺垫。全文多处用典，文笔精工，辞采飞扬。之前的一些李党人士都已经忙着和李德裕划清界限，而李商隐却为他的文集作序，如果从政治仕途的角度来说，这绝非明智之举。但李商隐就是这样一个人，他甚至盛赞李德裕为"万古良相"，不知当时正炙手可热的牛党人士读到这篇序文时作何感想？

李商隐的赞美是发自内心的，绝非奉承之话，更何况，此时的李德裕已经没有什么好让人奉承的了。李商隐对李德裕的遭遇深感不平，写过这篇序文后，还写过几首为李德裕打抱不平的诗，如《李卫公》：

绛纱弟子音尘绝，鸾镜佳人旧会稀。
今日致身歌舞地，木棉花暖鹧鸪飞。

这首诗创作于李德裕被贬崖州时。李德裕被一贬再贬，曾经的门生故旧都忙着与他撇清关系，不敢再与他往来，曾经一起交游或同朝为官的朋友也都很少再有与他联系的。现在这位年逾花甲的老人来到这蛮荒的地方（歌舞地，即歌舞冈，因南越王赵佗曾在此歌舞得名，诗中指李德裕被贬黜的蛮荒之地），不见旧友，只见木棉花开，鹧鸪哀鸣着飞来飞去。

李商隐写诗总是率性而作，能够抒发自己的心情就好，至于别人读的时候是什么感觉，那就不是他所要考虑的了。因此李商隐的诗中常常藏着无尽的谜团，还有一些诗也成了别人攻击的靶子。而他的诗又作得极好，总是被大家传来传去，那些同情李德裕的诗作以及为李德裕文集写的序文都很快便传到了京城。正得势的牛党人士对他愈发憎恨，令狐绹更是勃然大怒。他认为李商隐追随郑亚远赴桂州、对李德裕大加赞赏等行为，是对牛党人士乃至自己的一种挑衅。于是盛怒之下，他给李商隐写了一首诗，遗憾的是诗歌内容已经失传。但我们基本能猜出诗中的内容，无外乎责怪李商隐不该追随郑亚，认为背恩忘义、不思报答之类。

令狐绹主动来信，李商隐最初应是惊喜的，只当是老朋

友还惦记自己,没想到打开信笺后,读到的全是责备之词,李商隐只好无奈地摇摇头,然后执笔回诗,题为《酬令狐郎中见寄》:

> 望郎临古郡,佳句洒丹青。
> 应自丘迟宅,仍过柳恽汀。
> 封来江渺渺,信去雨冥冥。
> 句曲闻仙诀,临川得佛经。
> 朝吟支客枕,夜读漱僧瓶。
> 不见衔芦雁,空流腐草萤。
> 土宜悲坎井,天怒识雷霆。
> 象卉分疆近,蛟涎漫岸腥。
> 补赢贪紫桂,负气托青萍。
> 万里悬离抱,危于讼阁铃。

当时令狐绹在古城湖州(今河南唐河县一带)任刺史,因此称令狐绹"临古郡",虽然令狐绹的诗中皆是责备之词,李商隐还是要笑着称赞他的诗为"佳句"。他告诉令狐绹:我得到你寄来的诗,就像得到一本珍贵的佛经一样,沐浴之后才敢拜读,昼夜吟诵,须臾不舍。从"望郎临古郡"至"夜读漱僧瓶"皆是赞美令狐绹诗作的,大概令狐绹看到后会非常得意吧。

赞美完令狐绹后,李商隐才开始说自己的情况。"不见衔芦雁,空流腐草萤",他没能像口衔芦草的大雁一样全身避害,反而像腐草一样化作流萤漂泊天涯。他说自己像青蛙活在浅井中，这是为生活所迫，没想到竟因此惹来雷霆之怒。他想告诉令狐绹，自己追随郑亚是为生活所迫，为了一家人的生计，他不得不追随郑亚来到桂州。他希望能得到令狐绹的谅解，并再次强调：他没有忘记令狐家的大恩，他会永远记得这份恩德，就像青萍宝剑的如虹剑气永远不会消弭一样。他投身于万里之外的蛮荒之地，时时都觉心神不定，犹如府衙屋檐下挂着的那摇摇欲坠的风铃。

显然，李商隐是带着诚惶诚恐的心情写下这首诗的，令狐绹的震怒让他有些不知所措，因此在诗中极力称赞令狐绹，甚至不惜把自己说成浅井之蛙，这是多么卑微！

李商隐向来是不愿得罪他人的，但因为谁都不想得罪，最后却两头不得好，往往落入左右两难的境地。将李商隐也算作"牛李党争"中的一员，对李商隐来说是多么冤枉，如果他能追随其中任何一个党派，都会有飞黄腾达的机会。千百年来，从未见哪个热衷于党争的人会专门追随落败的党派，不得不说，李商隐的善良与同情或许成就了他的诗文，却毁了他的前程。

樊南甲集

　　秋冬时节，桂州依然一片葱茏，这与往年在长安看到的景象截然不同。大中元年（847年）十月，郑亚派李商隐前往江陵去看望同样被贬的郑肃。算起来，郑肃还是郑亚的本家叔辈，之前李德裕任宰相时，两人都很受李德裕器重。现在同被贬黜，也算同病相怜。

　　从桂州到江陵，大多时候都是乘船，晓行夜宿，往返大概要一个多月的时间。

　　这一路上风景如画，李商隐可以一边欣赏风景一边赶路。一个多月的时间可以写写诗文，也可以整理一下以前的文稿。他想到自从接受郑亚的聘任，郑亚对自己礼遇有加，不禁心头一热。他对每一个对自己好的人都感恩于心，对郑亚正是如此。看着江水茫茫，他拿出纸笔写下了《自桂林奉使江陵，途中感怀，寄献尚书》：

　　　　下客依莲幕，明公念竹林。纵然膺使命，何以奉徽音。
　　　　投刺虽伤晚，酬恩岂在今。迎来新琐闼，从到碧瑶岑。
　　　　水势初知海，天文始识参。固惭非贾谊，惟恐后陈琳。

前席惊虚辱，华樽许细斟。尚怜秦痔苦，不遣楚醪沉。
既载从戎笔，仍披选胜襟。泷通伏波柱，帘对有虞琴。
宅与严城接，门藏别岫深。阁凉松冉冉，堂静桂森森。
社内容周续，乡中保展禽。白衣居士访，乌帽逸人寻。
佞佛将成缚，耽书或类淫。长怀五羖赎，终著九州箴。
良讯封鸳绮，余光借玳簪。张衡愁浩浩，沈约瘦愔愔。
芦白疑粘鬓，枫丹欲照心。归期无雁报，旅抱有猿侵。
短日安能驻，低云只有阴。乱鸦冲晒网，寒女簇遥砧。
东道违宁久，西园望不禁。江生魂黯黯，泉客泪涔涔。
逸翰应藏法，高辞肯浪吟。数须传庚翼，莫独与卢谌。
假寐凭书簏，哀吟叩剑镡。未尝贪偃息，那复议登临。
彼美回清镜，其谁受曲针。人皆向燕路，无乃费黄金。

写好这首长诗，待墨迹晾干，他将诗笺仔细叠好装进信封，到驿站时托人寄给郑亚。

他感激郑亚如此信任他，在诗的开篇除了表示感激之外，还担心会完不成任务。之后他回忆了郑亚对自己的厚待，虽然是为他做幕僚，但郑亚几乎是把自己当亲兄弟一样。到桂州后，他们一起寻访胜景，虽然地处偏僻，与志趣相投的人在一起，也乐在其中。难过时借酒浇愁，郑亚看到后便细心劝慰他，犹如兄长般体贴入微。"佞佛将成缚，耽书或类淫"，他沉迷于佛学禅宗、嗜书如命，而郑亚也都依他的爱好，这更令他感激于心。他将路上所见的风景也写入诗中——乱鸦冲网、女子捣衣，他有时靠着书箱和衣而睡，有时哀吟着手叩动宝剑。全诗的结尾，他为李党遭受的不公正对待而气愤难平,"彼美回清镜,其谁受曲针",郑亚被贬黜到这蛮荒之地,一定是有小人从中作梗。他同情郑亚,也敬佩郑亚,对于他的信任与重托更是感激于心。尤其是在为李德裕文集作序时,对李党人有了更多的了解,想到他们的境况,更是为之愤愤不平。

为李德裕文集作序,也让李商隐意识到,是时候将自己的文稿整理结集了。对于文人来说,那些亲笔写下的字犹如自己的血脉,无论是即兴而作,还是为他人代笔。

李商隐有个好习惯,多年来的文稿一直带在身边,为他人代笔的文章也会工工整整地誊录下来,标注好时间和用途。这次出行,除了日常要用的笔墨纸砚外,他还带上了多年来的文稿。在船上无聊时,他便整理这些文稿,将其分门别类,仔细整理。

这些整理结集的文章全是骈文,于是《樊南甲集》由此问世。

十月十二的晚上,皓月当空,四周一片静寂,草丛里的虫鸣声与江水的潺湲声显得格外清晰。李商隐捧着多年来的心血之作,想到多年来困窘的生活,想到远在千里之外的妻子和孩子,不禁感慨万千。虽然未至满月,但月光也非常澄明,在这份静谧中,李商隐为自己的文集写下了序文:

樊南生十六,能著《才论》《圣论》,以古文出诸公间。后联为郓相国、华太守所怜,居门下时,敕定奏记,始通今体。后又两为秘省房中官,恣展古集,往往咽噱于任、范、徐、庾之间。有请作文,或时得好对切事，声势物景，哀上浮壮，能感动人。十年京师寒且饿，人或目曰："韩文杜诗、彭阳章檄、樊南穷冻。"人或知之。仲弟圣仆，特善古文，居会昌中，进士为第一二，常表以今体规我，而未为能休。大中元年，被奏入岭当表记，所为亦多。冬如南郡，舟中忽复括其所藏，火燹墨污，半有坠落。因削笔衡山，洗砚湘江，以类相等色得四百三十三件，作二十卷，唤曰《樊南四六》。四六之名，六博、格五、四数、六甲之取也，未足矜。

十月十二日夜月明序。

李商隐初步为这本文集命名为"樊南四六"，但后来又整理了《樊南乙集》，便将这本称为"樊南甲集"了，因此后来这篇序文被命名为"樊南甲集序"。遗憾的是原版的《樊南甲集》和《樊南乙集》都失传了，只有部分文章得以流传。

在这篇序文中，李商隐以自嘲的语气讲到了多年来的官场生涯。他自称"樊南生"，这是他搬家至长安樊川后自取的号。他十六岁的时候便擅写古体文，曾写过《才论》《圣论》——遗憾的是两篇文章至今已经失传。"郓相国""华太守"即令狐楚和崔戎，在他们门下时，李商隐得到指点，开始写今体文。他两入秘书省，得以饱览诸多名家名篇。然而在长安城的岁月中，他始终是困窘潦倒的，现实与理想形成巨大的反差。他自嘲说"十年京师寒且饿"，在京城将近十年，他时常捉襟见肘，虽然做幕僚、为人代笔有一定的收入，但除了自己的日常社交花销之外，还要供养母亲、帮衬弟弟。他戏谑道："韩文、杜诗、彭阳章檄、樊南穷冻。"韩愈的文章、杜甫的诗、令狐楚的文章、李商隐的穷冻，这四样在京城是出了名的。虽然李商隐不至于"穷冻"到如此地步，但这种诙谐的背后，总是藏了许多辛酸。

整理这些文稿时，李商隐百感交集。这些文稿有很多是应制之作，这些年他写过的文章里，有一大半都是为人作嫁，年少时热爱的古体文写得寥寥无几。或许成年人的世界就是如此吧，总要为了生活放下一些曾经挚爱的事物。如果李商隐不必为生活所迫，那么他的成就必然不仅限于诗歌。以他深厚的古文功底，一定会写出更多精彩的古体文。

这些文稿"火爇墨污，半有坠落"，有的被烧过，有的被墨渍沾污，竟然有很多成了残文断章。船行湘江时，他用清凉的江水洗涤砚台，然后研墨铺展纸，以衡山竹做成的笔进行细致的标注，将这些文章分门别类，共整理出433篇骈体文，编为20卷。

字字看来皆是血，他最好的年华全部沉淀于这些文字中。是夜月朗星稀、江水滔滔，同行的随从早已睡着，鼾声与船舱外的虫鸣声、江水声融为一体。李商隐吹灭油灯，到船舱外看了看当空皓月，他并不知道，他的诗文将会传唱千年，那些穷困潦倒、怀才不遇的过往，总有岁月与后来人给他最好的慰藉。

江风扬浪，万里相逢

伴着一路如画的风景，李商隐抵达了江陵府。一切都很顺利，李商隐受到了热情的接待，他转交了郑亚的书信和礼物，在这里小住了几日后便带了郑肃的回信和回赠礼物原路返回。

船行至黄陵（今湖南湘阴）时，李商隐遇见了一位老朋友——早年于令狐楚幕府中结识的刘蕡。

刘蕡，字去华，幽州昌平（今北京昌平）人，曾于宝历二年（826年）考中进士，大和二年（828年）参加吏部贤良方正科的选官考试，在策文中直言朝廷弊病，痛斥宦官当权、祸乱朝政，虽然文章写得极好，考官也非常欣赏，但却因为害怕得罪当权宦官而不敢录取他。同考的李郃甚至说："刘蕡不第，我辈登科，实厚颜矣！"刘蕡虽然没能被录取，但却因为这篇犀利的文章而名扬天下。他成了宦官们的眼中钉，也成了一些有志之士眼中的英雄。令狐楚钦佩他的勇气、欣赏他的才华，便将他聘为幕僚。

令狐楚去世那年，刘蕡也正在令狐幕府中，李商隐赶到时正好见到他。两人性格相似，很有共同语言。后来刘蕡辗转做了牛僧孺的幕僚，在牛僧孺的举荐下任职秘书郎，但宦官始终记恨着刘蕡，他最终因宦官的排挤而被贬为柳州司户参军。虽然多年来他与李商隐没有见面的机会，但常有诗文酬唱。这一次刘蕡从柳州经过黄陵前往澧州，李商隐则是从江陵经过黄陵回桂州，一别多年，两人能够于此相遇，是多么难得的缘分。

彼时江风吹浪，天上阴云密布，犹如他们飘如蓬草的命运与国家动荡不安的政局。两人同是怀才不遇，同是饱受命运的不公。一别经年，两人都已经苍老了很多，第一眼几乎认不出来彼此，但确定是对方后，都忍不住在惊讶后喜极而泣。

为了能好好叙旧，两人同行了几日，彼此畅谈离别后的诸多遭遇。然而相聚的时间总是很短暂，他们终究是要分别的。李商隐为刘蕡的遭遇深感气愤，回想当年的选官考试，刘蕡就像是刚刚起飞的鸿雁被折断了翅膀，无辜被贬后久久不得重用。不过，他相信以刘蕡的才华一定可以回到朝廷，他的宏伟抱负一定会实现。离别之际，李商隐写了《赠刘司户蕡》一诗，将这次难得的相遇定格为永恒：

> 江风扬浪动云根，重碇危樯白日昏。
> 已断燕鸿初起势，更惊骚客后归魂。
> 汉廷急诏谁先入，楚路高歌自欲翻。
> 万里相逢欢复泣，凤巢西隔九重门。

李商隐以为，应该过不了多久就会听到关于刘蕡的好消息，因为当时已经有传闻说朝廷要起用刘蕡了。然而令他万万想不到的是，在与刘蕡分别还不到一年时，就忽然传来刘蕡的死讯。

大概那些关于朝廷起用刘蕡的说法都是谣言吧，像刘蕡这样正直敢言、才华横溢的人都不得赏识，这样的朝廷还有什么指望呢？原来与刘蕡重逢那天的满天阴云、浊浪排空，也正象征着动荡的朝廷与黑暗的官场啊！

在无限悲痛之中，李商隐写下了《哭刘蕡》：

上帝深宫闭九阍，巫咸不下问衔冤。
黄陵别后春涛隔，湓浦书来秋雨翻。
只有安仁能作诔，何曾宋玉解招魂？
平生风义兼师友，不敢同君哭寝门。

时值深秋，冰冷的雨敲着潮湿的窗棂，李商隐拿着那封从湓浦寄来的讣告悲痛落泪，可恨的是皇帝久居深宫，对含冤被贬的臣子不闻不问。他只能用苍白的悼词去祭奠挚友，却没有办法让他死而复生。对他而言，刘蕡是他的至交好友，亦是他的师长，他敬慕刘蕡，不敢与之同列，也不敢以朋友的礼仪去哭悼他。

刘蕡之死令李商隐难过了很久，直到冬天来临，他依然没有从这份悲痛中走出来。在写过《哭刘蕡》之后，他又写了《哭刘司户蕡》：

路有论冤谪，言皆在中兴。

空闻迁贾谊，不待相孙弘。

江阔惟回首，天高但抚膺。

去年相送地，春雪满黄陵。

　　刘蕡在世时不被重用，死后却忽然名声大噪起来，连路人都在为他的无辜遭贬而愤慨，他们都说刘蕡当年的直言极谏是为了唐朝的中兴。可那又有什么用呢？斯人已逝，他为好友痛惜不已，想到去年两人分别的地方，此时应该正是大雪纷飞吧。

　　刘蕡的客死他乡，令李商隐久久无法释怀。他还写过《哭刘司户二首》，依然是为刘蕡打抱不平。其实在刘蕡身上，我们也能看到李商隐的影子，相似的性格、相似的遭遇，使得两颗饱受摧残的玉壶冰心靠在一起。刘蕡客死他乡，到最后也没能见到家中的妻儿，这更加触动了李商隐心中那根敏感的弦。他思念万里之外的妻子和孩子，不知何时才能回到魂牵梦萦的家。人生无常，他多么希望早日回到妻儿身边，毕竟有家人在的地方才是家。

第八章

中年苦恨：知交零落，至爱永别

君问归期未有期

文字是最好的灵魂知己,李商隐写了很多诗作来抒发对家人的思念之情。但他又不能任性归家,因为他是家里的顶梁柱,孩子们穿衣吃饭,样样都是花销,他要挣钱养家,要给妻子儿女撑起一片衣食无忧的天。

从江陵府回来没多久,桂州下辖的昭州郡守出了空缺,郑亚于是委派李商隐到昭州去暂时担任郡守。

昭州地处荒僻,李商隐赶到时正在发疟疾。正是春寒料峭时节,当地人以渔猎为生,对官府的盘剥痛恨不已,经常用方言咒骂官府。不过,李商隐有信心把这里治理好,他曾做过弘农县尉,还算有一些治理的经验。在了解了当地的风土人情后,李商隐写了《异俗二首(时从事岭南)》:

其一
鬼疟朝朝避,春寒夜夜添。
未惊雷破柱,不报水齐檐。
虎箭侵肤毒,鱼钩刺骨铦。
鸟言成谍诉,多是恨彤幨。

其二

户尽悬秦网,家多事越巫。
未曾容獭祭,只是纵猪都。
点对连鳌饵,搜求缚虎符。
贾生兼事鬼,不信有洪炉。

在第二首的尾联,李商隐以贾谊自况,表达了一定要治理好昭州的决心。然而世事难料,就在李商隐准备大展拳脚时,万里之外的京城党争又产生了蝴蝶效应,由于李党一直在被打压,郑亚也再次受到波及,被贬为循州刺史。循州比桂州还要偏远,而且不好说之后会不会被继续贬黜,可以说,郑亚已经自身难保,对李商隐虽然极为赏识信任,但也不能继续让他追随自己了。

他得到消息后赶紧回到桂州,为郑亚拟写了最后几篇公文,两人便匆匆别过了。

江湖茫茫,他该何去何从?李商隐茫然无措。在这之后,李商隐去过潭州,想投奔刚被贬为湖南观察使的李回。当年他在参加吏部的博学宏词科选官考试时,李回是主试官,本来已经录取李商隐了,后来因为那位"中书长者"的一句"此人不堪",李商隐与博学宏词科失之交臂。不过,李商隐心中一直是感激李回的,而李回对李商隐也非常欣赏。

然而此时的李回与郑亚的境况差不多,他不知道之后会不会被继续贬黜,虽然对李商隐的才华大为赏爱,但也不敢留用李商隐。

为了谋份差事,李商隐不得不继续辗转漂泊。此时杜惊任西川节度使，李商隐打算去投奔杜悰。他继续溯江西上，当他行至巴蜀时已是秋天，某一个冷雨敲窗的夜里，他愈发思念家中的妻子。妻子定然在盼望着他回家，然而他自己都不知道什么时候才是归期。无限感伤里，他写下了著名的《夜雨寄北》：

君问归期未有期，巴山夜雨涨秋池。
何当共剪西窗烛，却话巴山夜雨时。

这首诗的题目一作《夜雨寄内》，不过从李商隐的其他诗作来看，应是"寄北"更符合他的风格。他思念着妻子，期盼着能与她挑灯夜话。

妻子是他生活的动力，也是灵感的源泉。那首著名的《无题》大概也是创作于这段时间：

相见时难别亦难，东风无力百花残。
春蚕到死丝方尽，蜡炬成灰泪始干。
晓镜但愁云鬓改，夜吟应觉月光寒。
蓬山此去无多路，青鸟殷勤为探看。

关于这首诗的解说很多，写作对象也众说纷纭。从表面上来看，这首诗是一首爱情诗，极写不忍分别的难过与离别后的思念。古人常有通过爱情来写友情甚至君臣之情的，所以有人推断这首诗是写给郑亚的，表达对郑亚的知遇之恩的感激，这也不无道理。不过，无论写作对象是谁，若不是体会过与妻子离别后肝肠寸断的相思之苦，是写不出"春蚕到死丝方尽，蜡炬成灰泪始干"这样绝妙的诗句的。

　　李商隐向来心思细腻，遇事也总是多为别人着想。在思念妻子的同时，也为杜悰琢磨了一番。杜悰的妻子是唐宪宗的女儿岐阳公主，杜悰从驸马都尉一直做到宰相，唐宣宗即位后，他被调任为西川节度使。杜悰是牛党的追随者，而且论起来还与李商隐有点亲戚——杜悰的母亲是李商隐的姑母辈，因此李商隐和杜悰算是远房表兄弟的关系。虽然李商隐自己并没有明确追随哪个党派，但是人们都一致认为他是追随李党的，如果这时候他去投靠杜悰，杜悰当然不会拒绝他，但是消息传出去会不会给杜悰带来不好的影响？牛党人会不会因为杜悰聘任了一个李党的幕僚而排斥他？思来想去，李商隐决定还是不去投奔杜悰了。

　　之后李商隐还曾想过去襄阳投靠山南东道节度使卢简辞，但也未果。

　　唐宣宗大中二年（848年）的深秋，失意潦倒的诗人回到了长安城。

　　此时的老朋友令狐绹节节高升，此前李商隐在桂州时，他便已经升任翰林学士承旨，现在已经改拜中书舍人。李商隐此前也有过给他赋诗寄信，甚至夜里梦见他，都以诗的形式记录下来。为了能谋得一份差事，李商隐不得不卑微地乞求令狐绹帮忙提携。在《令狐舍人说昨夜西掖玩月因戏赠》中写道："何时《绵竹颂》，拟荐《子虚》名。"汉代扬雄著《绵竹颂》，司马相如写《子虚赋》，他们都得到了推荐，深受皇帝赏识。言外之意是问令狐绹：子直兄什么时候也能像古人推荐扬雄、司马相如一样推荐一下我呢？

李商隐卑微的乞求犹如石沉大海，没有激起丝毫的浪花。之后，三十七岁的李商隐只好和那些"职场新人"们一起参加吏部的选官考试，考中后被授予了盩厔（今陕西西安周至县）县尉之职。

盩厔县隶属于京兆府，京兆府尹早就听闻李商隐的大名，对他的才学非常赏爱，于是留任他在府中做了参军，让他主管章奏之事。李商隐正好能离家近一些，便欣然接受。

依然是写那些形形色色的公文，不过，这些都是李商隐所擅长的，而且府中的其他人都把李商隐的文章当作范文，虽然忙碌，却也愉快。多年过去，他又回到了原点，但终归是能与妻子相守，若生活就这样平淡而温暖地过下去，也不失为一种幸福。然而命运之于李商隐实在是苛刻，就在他终于与最爱的人相守时，等待他的却是天人之隔的永别。

黄泉碧落，不复相见

大中三年（849年）的夏天，驻于徐州（今江苏徐州）的武宁军发生兵变，管理武宁军的节度使李廓被叛军赶走，朝廷急忙派义成军节度使卢弘止前去接管平乱。

义成军驻扎在滑州（今河南滑县），前往徐州路程遥远，需要一番准备。此前李商隐随郑亚前往桂州时，曾托一位薛姓年轻人给他带过一封信，希望能助他早日回到京城。卢弘止一直记挂着此事，他很欣赏李商隐的才华，正好这次调迁，他需要一位有能力的节度判官，而李商隐再合适不过了。节度判官带从六品下的侍御史衔，这比李商隐之前做过的官高了好几级，得知李商隐已经从桂州回到长安，他非常高兴，立即向李商隐发出聘请。

李商隐是有抱负、有理想的人，一直想做些利国利民的事情，奈何始终不得重用，这次卢弘止平定乱军，能与他一道前行，正好能有一番作为。他欣然接受了卢弘止的聘任，但随即想到了家里的妻儿，他需要先把家里的事情打理好，在京兆府的工作也需要交接一下，因此请求卢弘止让他缓行几天。

此时弟弟李羲叟已经任职秘书省校书郎，一家人搬到京城来和李商隐一家同住，李商隐不在家，要托弟弟多照顾妻儿了。他有点不知道如何面对妻子王宴媄，她近来身体不好，而他又要离家远行。作为丈夫和父亲，他当然要承担起自己的责任，但为了能给妻儿更好的生活，也为了能实现心中的理想抱负，他又不得不远行。

他以为妻子会和他闹脾气，甚至大吵一架，但出乎意料的是，王宴媄非常支持他的决定。她的通情达理、善解人意更让他心疼。离别时已经是大中三年（849年）的十月寒冬，那一天的长安城落了雪，路上行人很少，王宴媄拖着病体为他送行。他让她留在家里不要出门，可她到底是忍不住追了出来，一直送了很远。纷纷扬扬的雪花落了满地，也落了他们满身，北风呼啸，将落在地上的雪花又凭空卷起——谁都不知道命运会作何安排，就连落在地上的雪花也只能任由北风吹卷。

送君千里，终有一别。此时灞桥旁的杨柳已经枯叶落尽，只剩下光秃秃的枝条。桥下的河水已经结冰，雪花无声飞落，犹如漫天的柳絮飘飘洒洒，两人很快便"白头偕老"了。她问他何时能够归还，李商隐思量了一下，告诉她最迟明年二月。

他们在灞桥离别，漫天的雪花将两人的身影渐渐隐没。她看着他渐行渐远的身影，犹如一座石碑般久久伫立。而他骑着马一步三回头，频频挥手，想让她快点回家，可每一次回头都能看到她依然微笑着目送他。他知道，她那双清澈的眼睛里一定含着泪。他只能咬咬牙催动坐骑，让马儿快点走，因为他知道，她只有看不到自己的身影才会乖乖回家。可自己也想多看她一眼啊，他只能狠心前行，直到自己走得越来越远，渐渐看不清她的身形。

李商隐心中感伤，也默默发誓，一定要有一番作为，让妻儿过上更好的生活。

在感伤与坚定之中，他写下了《对雪二首》：

其一

寒气先侵玉女扉，清光旋透省郎闱。
梅花大庾岭头发，柳絮章台街里飞。
欲舞定随曹植马，有情应湿谢庄衣。
龙山万里无多远，留待行人二月归。

其二

旋扑珠帘过粉墙，轻于柳絮重于霜。
已随江令夸琼树，又入卢家妒玉堂。
侵夜可能争桂魄，忍寒应欲试梅妆。
关河冻合东西路，肠断斑骓送陆郎。

两首诗的尾句皆是点睛之笔。"留待行人二月归"，他希望能在阳春二月回来与妻子相聚，但这个约定此时也仅仅是对离别之苦的一种慰藉。"肠断斑骓送陆郎"，"陆郎"出自乐府诗《神弦歌·明下童曲》"陈孔骄赭白，陆郎乘斑骓"之句，这里是以陆郎自喻。妻子为他送行，两人都肝肠寸断，只怕连胯下坐骑都要为他们的离别而悲伤断肠了。

李商隐写下这两首诗时万万想不到，这竟然就是他们的生死永诀。

他到达徐州后，卢弘止非常赏识器重他。此时卢弘止已经基本平定了动乱，但是后续还有很多事情要处理，李商隐一到，就开始忙碌起来。他感激卢弘止的信任，每一项任务都会尽心尽力地完成。妻子来信说家中一切安好，他更加放心地工作起来。

时间很快到了第二年的二月，那是他与妻子约定的相会时间，然而忙于公务的他实在没有时间回家，这个承诺也只能落空。妻子依然理解他、支持他，让他在徐州安心工作。他并不知道，此时妻子已经病入膏肓，为了不影响他的前程，王宴媄叮嘱李羲叟夫妻俩不要将这件事告诉李商隐，在写给他的家信中也总是报喜不报忧。

就在李商隐前程大好之时，卢弘止的身体渐渐出了问题，李商隐刚刚追随他一年多一点，他便病重去世了。

命运再度和李商隐开了一个玩笑，他再一次失去了倚靠。

大中五年（851年）的春天，李商隐回到了长安城，回到了阔别一年多的家中，这比他与妻子约好的时间足足迟了一年。而妻子王宴媄也终究没能等到他的归来，已经在他到家之前去世了。

家里一片肃杀，到处挂着白色的帷幔。李商隐顿觉天旋地转，孩子们哭着告诉他，母亲已经过世了，弟弟李羲叟也黯然垂泪。

王宴媄嫁给他后，两人聚少离多，他一直想着能给她更好的生活，却万没想到，他还没来得及有所作为，她便香消玉殒了。

回忆过往种种，他更觉对她有愧。庭院的蔷薇花惨淡地开着，大概那蔷薇还是她亲手植下的，房间里她用过的东西依然像以前一样摆放着，玉簟仍在，锦瑟生尘。在物是人非的万分悲痛中，李商隐为妻子写下了第一首悼亡诗《房中曲》：

蔷薇泣幽素，翠带花钱小。
娇郎痴若云，抱日西帘晓。
枕是龙宫石，割得秋波色。
玉簟失柔肤，但见蒙罗碧。
忆得前年春，未语含悲辛。
归来已不见，锦瑟长于人。
今日涧底松，明日山头檗。
愁到天地翻，相看不相识。

这份愁苦令李商隐只觉得天翻地覆，一下子苍老了很多，就算再见到她，只怕她都认不出来自己了吧。

黄泉碧落去，人间不复见。有人说李商隐一生的仕途皆是为婚姻所累，然而在李商隐心中，妻子要远比那些功名利禄重要，只因她是他的知己，是他心中永远无可替代的存在。在这首诗之后，李商隐还写过很多悼亡诗。斯人已去，而她的音容笑貌从未凋零，犹如他们成婚那年夏天盛放的荷花，在他心里长开不败。

梧桐半死，无心续弦

红尘之哀，莫过于生离与死别。妻子的去世令李商隐备受打击，漂泊在外时，只要想到她还在等他回家，便有多少苦楚都化作了甘甜。而现在，他顿觉一切努力都显得那么苍白。孩子们痛失慈母，更是哭闹得可怜。

他是一家之主，就算是为了孩子们，他也要振作起来。

夏末初秋时节，李商隐护送着妻子的灵柩前往郑州荥阳坛山的家族墓地。途经洛阳，他再次来到崇让宅。这里有太多关于妻子的回忆，看到熟悉的一草一木，曾经与妻子相依相携的过往历历在目。

崇让宅的池塘里依然种着荷花，只是这时的荷花已经花瓣凋零。夜幕降临时，他在悲伤中写下了两首诗：

夜冷

树绕池宽月影多，村砧坞笛隔风萝。

西亭翠被余香薄，一夜将愁向败荷。

西亭

此夜西亭月正圆,疏帘相伴宿风烟。

梧桐莫更翻清露,孤鹤从来不得眠。

皓月当空,夜风中隐隐有呜咽的笛声和捣寒衣的砧声。清冷的露珠随着梧桐叶一起落下,一只孤独的鹤徘徊于月下,似乎也是满面愁容。所谓"一切景语皆情语",诗人眼中的世界,便是心里的世界。此时的李商隐入眼处皆是悲凉,曾经与她一起看过的风景,现在只剩下一人独观,他如何不心扉痛彻呢?

离开崇让宅后,他带着妻子的灵柩继续赶路。天气还没有特别冷,但他的心却已经寒凉如冰。梧桐树的叶子纷纷落下,落在他的衣襟上,也落在妻子的灵柩上。为妻子落葬时,他在她的旁边留出了自己的位置。他不知道过多久能来陪她,也许要很多年,也许用不了多久。

安排完妻子的后事,李商隐回到了长安城樊南的家中。这几年中,他经历了太多的生离死别,他不知道自己在这茫茫人世里还会逗留多久。想来也是好笑,到这个年纪还是一事无成,多年来到处为人做幕僚,为别人写过的文章不计其数,文采再好,也只是为人作嫁。但他又感激那些相遇,前前后后所供职的几位幕主都对他非常信任,如果不是遇见他们,也许生活会更窘迫。

妻子刚刚去世的那段时间,他推掉了很多活动,朋友们想请他出来散散心,他也总是婉拒。有一次,王十二郎(王茂元之子、妻王宴媄之兄)和姨姊夫韩瞻(连襟)特意同来请他出去小酌，他依然不愿前往。为表歉意，他还特意为此写了《王十二兄与畏之员外相访见招小饮，时余以悼亡日近不去因寄》一诗：

> 谢傅门庭旧末行，今朝歌管属檀郎。
> 更无人处帘垂地，欲拂尘时簟竟床。
> 嵇氏幼男犹可悯，左家娇女岂能忘。
> 秋霖腹疾俱难遣，万里西风夜正长。

李商隐在诗中表示：我虽然忝列王氏诸婿之后，但是现在歌管之乐只能属于畏之（韩瞻，字畏之）你了。我家里空室无人、重帘垂地、枕席生尘，到处都是物是人非的悲伤。现在儿女还小，他们还需要我照顾，而我又体弱多病，近来又染上腹疾，长夜漫漫，不知何时是头。

写下此诗时，李商隐心中定然无限凄凉。

斯人已逝，而生活还要继续。就在李商隐沉湎于悲痛中时，梓州刺史兼东川节度使柳仲郢向他发出邀请，聘任他到自己的幕府中任掌书记。

他感激柳仲郢的信任，接受了他的聘任。等待他的又是一段幕僚生涯，他这大半生几乎都是在别人的幕府中度过的，与家人总是聚少离多。他忽然想起多年前满腔热忱地扑在选官考试上时，令狐绹曾向他表示，希望他不要去做官，继续供职于令狐幕府。如果他能如令狐绹所愿，或许这些年就不用四处颠沛流离了，如果能与心爱的人长相厮守，就算做笼子里的鸳鸯，又何尝不是一种幸福。感叹之中，他写下了《鸳鸯》一诗：

> 雌去雄飞万里天，云罗满眼泪潸然。
> 不须长结风波愿，锁向金笼始两全。

可惜人生没有"如果"，纵然他现在想要过"锁向金笼"的两全生活，也不可能了。

李商隐将孩子们托付给弟弟李羲叟一家，收拾好行囊便上路了。

离开长安城的那天，亲朋们为李商隐把酒饯别，韩瞻还特意带了自己十岁的儿子前来。这个孩子乳名"冬郎"，大名"韩偓"，他才华横溢，虽然年纪不大，举手投足间却很有谦谦君子的风度。

饯别宴上，冬郎说要为姨夫赋诗一首，以祝他一路顺利，大家只当孩子开玩笑，没想到小家伙真的作了一首诗，而且写得很好。遗憾的是全诗已佚，只剩下残句"连宵侍坐徘徊久"，也是这句令李商隐非常动容。

几年后，李商隐回想冬郎为自己赋诗的事，还特意写了两首绝句回赠，即《韩冬郎即席为诗相送，一座尽惊。他日余方追吟"连宵侍坐徘徊久"之句有老成之风，因成二绝寄酬，兼呈畏之员外》：

其一

> 十岁裁诗走马成，冷灰残烛动离情。
> 桐花万里丹山路，雏凤清于老凤声。

其二

剑栈风樯各苦辛，别时冰雪到时春。
为凭何逊休联句，瘦尽东阳姓沈人。

李商隐非常欣赏冬郎，即便过去了好几年，饯别宴上那个落落大方的孩子依然如在眼前，"雏凤清于老凤声"也由此成了千古名句。李商隐相信，这个孩子一定会有一番作为。果然，后来的韩偓进士及第，成为晚唐的一代名士。

辞别了一众亲友，李商隐一个人上路了。以往离开，妻子总要问他何时回家，而现在，那个一直在等他回家的人已经不在了。只有在午夜梦回时，他才能看到那张熟悉的面庞。

来到梓州幕府后，柳仲郢给他安排了节度判官的职位，因为他来得晚，掌书记之职已经让他人担任了。节度判官的职位要比掌书记高，由此也能看出柳仲郢对他的赏识和信任。

柳仲郢是个热心肠的人，此前也知道李商隐刚刚丧妻，看李商隐到职后一直郁郁寡欢，正好官妓中有一位叫张懿仙的才貌双全的姑娘，便想从中牵线，让张懿仙脱离乐籍嫁给李商隐。

唐代官府中设有乐营，官妓是专为官员们宴饮时歌舞助兴的女子，属于艺妓，不仅姿色美丽，而且又富有才情。有些官妓是大户人家被抄家后充入乐籍的女眷，有些是从小培养的女孩子。总之这种艺妓不同于普通色妓，有些官妓被官员看重，娶为妾室也是有的。柳仲郢让张懿仙服侍李商隐，并非让他娶为正妻，因此柳仲郢的安排也是合情合理的，完全是为李商隐着想。

柳仲郢没有直接将这个计划告诉李商隐，想给他个惊喜，但毕竟没有不透风的墙，李商隐从张评事那里看到了柳仲郢手书的帖子，还是知道了这件事，心中不禁百感交集。他感谢柳仲郢的一片好心，但是妻子刚刚去世，他的心里实在装不下其他人。有些人一旦入了心，便是此生此世无法替代的存在。

为此，李商隐特意写了一封婉拒信呈给柳仲郢：

商隐启：两日前于张评事处伏睹手笔，兼评事传指意，于乐籍中赐一人以备纫补。

某悼伤以来，光阴未几。梧桐半死，方有述哀；灵光独存，且兼多病。眷言息胤，不暇提携。或小于叔夜之男，或幼于伯喈之女。检庾信荀娘之启，常有酸辛；咏陶潜通子之诗，每嗟漂泊。

所赖因依德宇，驰骤府庭。方思效命旌旟，不敢载怀乡土。锦茵象榻，石馆金台，入则陪奉光尘，出则揣摩铅钝。兼之早岁，志在玄门，及到此都，更敦凤契。自安衰薄，微得端倪。至于南国妖姬，丛台妙妓，虽有涉于篇什，实不接于风流。

况张懿仙本自无双，曾来独立，既从上将，又托英僚。汲县勒铭，方依崔瑗；汉庭曳履，犹忆郑崇。宁复河里飞星，云间堕月，窥西家之宋玉，恨东舍之王昌。诚出恩私，非所宜称。伏惟克从至愿，赐寝前言，使国人尽保展禽，酒肆不疑阮籍。则恩优之理，何以加焉。干冒尊严，伏用惶灼。谨启。

在古代，莫说妻子去世后还不肯纳妾的少之又少，妻子在世时便娶上好几房妾室的已不在少数。在李商隐心中，妻子王宴媄是永远的唯一，自她去世后，便"梧桐半死"。柳仲郢也为他这份痴情而感动，看过这封信后便打消了让张懿仙服侍李商隐的念头。

第九章

世界微尘：芥子须弥，红尘顿悟

被现实磨平的棱角

妻子故去后,李商隐的诗中便多了许多眼泪。他为她写的悼亡诗一首接一首,字字皆是血泪凝聚。遇到特殊的节日,如花朝节、乞巧节、新年等,那份痛楚愈发噬心蚀骨。

乞巧节那天,李商隐想到天上的牛郎织女一年尚可一会,而自己与妻子却再也没有相见的机会,不禁悲从中来,写下了《七夕》:

鸾扇斜分凤幄开,星桥横过鹊飞回。
争将世上无期别,换得年年一度来。

在《李夫人三首》中,他更是表示无人可以替代王宴媄,此后余生,他将一人孤独终老:

其一
一带不结心,两股方安髻。
惭愧白茅人,月没教星替。

其二

剩结茱萸枝，多挈秋莲的。
独自有波光，彩囊盛不得。

其三

蛮丝系条脱，妍眼和香屑。
寿宫不惜铸南人，柔肠早被秋波割。
清澄有余幽素香，鳜鱼渴凤真珠房。
不知瘦骨类冰井，更许夜帘通晓霜。
土花漠碧云茫茫，黄河欲尽天苍黄。

  李夫人是汉武帝的宠妃，年轻时就去世了，李商隐借李夫人悼念亡妻，而"李夫人"也恰好一语双关。在第一首诗中，他表示：单丝不成线，要有两股丝带才能打成同心结。他的祭奠与哀悼无法令心爱的人死而复生，不禁心中惭愧，明月落下后，星星又怎能代替呢？

  李商隐是决意不续弦的，在他心中，王宴媄永远是那轮无可替代的明月。

  第二首诗中，他回忆起妻子清澈流转的目光，那样唯美的目光纵是传说中的百彩囊也无法盛下。第三首诗中，他先描写了妻子的容颜，尤其是那双眼睛令他思之心痛。他思念她，就像愁思不寐的鳜鱼、焦渴欲饮的凤凰一样，这份思念将他折磨得形容憔悴，不知道妻子的坟冢是不是已经长满了荒草。黄河有时尽，而他心中的痛楚却没有尽头。

  以往做幕僚时，李商隐都是全身心投入到工作中，而这一次却一直郁郁寡欢，柳仲郢知道他不开心，便派了一个可以在工作之余散散心的差事给他。

西川地界发生了一起严重的斗殴事件，当事人直接把状子递到了御史台，于是朝廷指令东川节度使派人前往西川参加"会谳"（议罪）。从东川到西川的路上有很多名胜古迹，那也正是李商隐所感兴趣的。柳仲郢将这个任务派给了他，希望他能借此机会散散心，早日做回那个充满豪情壮志的李义山。

西川节度使是杜悰，李商隐此前还想过去投奔他，但是行至半路，担心会给他带来负面影响，便打消了那个念头。那时妻子尚在，他还在冷雨敲窗的秋夜里为她写下了那首著名的《夜雨寄北》。没想到自己竟辗转供职于东川，命运真是无法预测。

路上的风景的确让李商隐的心情好了一些。抵达西川成都府（今四川成都）后，杜悰热情地接待了他。工作进展得很顺利，案子会审完毕，杜悰带着李商隐在繁华的成都府转了转。他们去了著名的诸葛武侯祠，去了诗圣杜工部曾寓居的成都草堂。多年过去，他们矢志不渝的爱国情怀依然回响于天地间，这点燃了李商隐心中黯淡了许久的家国情怀。

这段时间，他一直沉湎于丧妻之痛中，几乎忘了自己曾经怎样关心政治、渴望报国，如果妻子知道他如此沮丧，大概也会伤心吧。他要振作起来了，如果有机会，还是要往更高的地方走。杜悰身份显贵，和自己又有点亲戚，如果他能帮上忙，那么未来还是有希望的。

于是，在与杜悰宴游的这几天里，他所写的应酬之作中，难免带了一些阿谀之色，如这首《五言述德抒情诗一首四十韵献上杜七兄仆射相公（杜悰）》：

帝作黄金阙，仙开白玉京。有人扶太极，惟岳降元精。
耿贾官勋大，荀陈地望清。旂常悬祖德，甲令著嘉声。
经出宣尼壁，书留晏子楹。武乡传阵法，践土主文盟。
自昔流王泽，由来仗国桢。九河分合沓，一柱忽峥嵘。
得主劳三顾，惊人肯再鸣。碧虚天共转，黄道日同行。
后饮曹参酒，先和傅说羹。即时贤路辟，此夜泰阶平。
愿保无疆福，将图不朽名。率身期济世，叩额虑兴兵。
感念殽尸露，咨嗟赵卒坑。傥令安隐忍，何以赞贞明。
恶草虽当路，寒松实挺生。人言真可畏，公意本无争。
故事留台阁，前驱且旆旌。芙蓉王俭府，杨柳亚夫营。
清啸频疏俗，高谈屡析酲。过庭多令子，乞墅有名甥。
南诏应闻命，西山莫敢惊。寄辞收的博，端坐扫欃枪。
雅宴初无倦，长歌底有情。槛危春水暖，楼迥雪峰晴。
移席牵绁蔓，回桡扑绛英。谁知杜武库，只见谢宣城。
有客趋高义，于今滞下卿。登门惭后至，置驿恐虚迎。
自是依刘表，安能比老彭。雕龙心已切，画虎意何成。
岂有曾黔突，徒劳不倚衡。乘时乖巧宦，占象合艰贞。
废忘淹中学，迟回谷口耕。悼伤潘岳重，树立马迁轻。
陇鸟悲丹觜，湘兰怨紫茎。归期过旧岁，旅梦绕残更。
弱植叨华族，衰门倚外兄。欲陈劳者曲，未唱泪先横。

这首抒情长诗中多处用典，将杜悰夸赞得有如天神。杜悰是追随牛党的，称赞他，就不得不与此前盛赞李党的诗相矛盾。在为李德裕的诗集作序时，他将李德裕称为"万古良相"，而在这首诗中，提到李德裕被重用时杜悰被罢相之事，却说"恶草虽当路，寒松实挺生"，将李德裕等李党人称为"恶草"，杜悰则是傲然挺拔的"寒松"。他为这位表兄打抱不平，"人言真可畏，公意本无争"，李德裕等李党人似乎一下子就成了奸佞小人。贬低李党当然是为了讨好杜悰，希望杜悰能够对自己多加提携，毕竟他们还是远房亲戚。到诗歌的结尾，李商隐更是直接说"衰门倚外兄"——我现在家道中落，仕途很不如意，只有依仗表兄您来提携一下了。全诗以"欲陈劳者曲，未唱泪先横"收尾，更是显得深情动人、言辞恳切。

　　时光终究是磨平了少年的棱角，在世俗的浊水中，李商隐不得不戴上虚假的面具，努力去逢迎那些位高权重的人。李商隐曾经非常讨厌这种阿谀奉承的行为，然而世事变迁，他终究也做了曾经最讨厌的事。如果说他在参加进士科的考试时向崔龟从的行卷还显得非常笨拙，那么这篇应酬之作则已经逢迎得非常娴熟了。

　　这是诗人的悲哀，也是社会的悲哀。

　　而更悲哀的，是这首诗终究石沉大海。李商隐的一番奉承只换来几句廉价的赞美，甚至极有可能杜悰都没有看懂他所引用的那些锦绣如云的典故。而此前李商隐想去投奔他时，还担心会给他带来负面影响而作罢，事实证明，李商隐会为杜悰着想，这位"外兄"可没有处处想着他。

　　离开西川后，李商隐回到梓州，生活又归于平静。不过去了一次西川后，他的精神状态确实好了一些，工作也终于能打起精神来。柳仲郢看在眼里，心里也着实为他高兴。

樊南乙集

在柳仲郢的幕府中,李商隐很受器重。他才华横溢,连那些例行公事的枯燥公文也能写得文采飞扬,他的文章总是被当成别人的范本,这本是好事,却引起了一些嫉贤妒能者的不满。

此前去西川,他希望杜悰能够提携他,大概也与此有关。他在柳仲郢幕府中并不快乐,妻子亡故是一方面,尔虞我诈的人际关系也是一方面。起初大家表面都是和和气气的,但时间长了,别人看到李商隐总是能多得幕主赏识,连出差西川这样"公费旅行"的好事也都交给他去做,便私下里心生怨怼。李商隐和他们维持着表面的和气,但是从他们皮笑肉不笑的表情里能猜到他们私下里会讲些什么。他已经不再是那个青涩懵懂的少年,经历了许多人世浮沉后,早已看懂了世间的人情冷暖。阳光下,大家都戴着一张虚伪的面具逢场作戏,黑夜里才会露出自己最真实的或狰狞或和善的面容。

春天到来时,李商隐依然忙个不停,没有时间去看一看外面的春色。有一天,他直到黄昏时分才处理完那些烦冗的工作。忧心春天将近,他便一个人踏着黄昏的微光到西溪游赏。

行至西溪时已是明月当空，溪水又涨了许多，潺湲淙淙的声音仿佛洗去了满身的疲劳。想到幕主柳仲郢，他心生感激，但是想到嫉贤妒能的同僚，又觉如鲠在喉。如果是年少时，他一定会极力表现自己的才能，别人越诋毁他，他越要展现自我，但现在他明白了，遇到善妒的人，他应该收敛自己的锋芒，就像松树一样，不能独自高处松林，否则"木秀于林，风必摧之"。回到房间后，他将这一番感悟写成了《夜出西溪》：

东府忧春尽，西溪许日曛。
月澄新涨水，星见欲销云。
柳好休伤别，松高莫出群。
军书虽倚马，犹未当能文。

别人都是二十几岁的时候就已经知道了这些道理，而李商隐却是到不惑之年，在世俗的樊笼里撞得头破血流后才明白。曾经那些天真纯净的岁月，对李商隐来说究竟是苦难还是财富？

李商隐虽然出身寒门，但他的才华与勤奋是有目共睹的。多年来，他为很多高门贵胄代笔捉刀，所写诗文流传甚广，因此也时常会有年轻人前来讨教。对于这些后辈，李商隐总是尽力帮忙，虽然他位卑言轻，但只要是他能做的，他一定不遗余力。因为在这些年轻人身上，他总能看到自己的影子。他感谢那些曾经提携过自己的恩人，也不会忘记曾经受到的冷遇，推己及人，他希望这些天真又执着的年轻人都能有一个美好的前程。

离家在外，最令李商隐牵挂的便是家中的孩子们。不知道他们长高了没有？有没有思念父亲？现在能认得多少字了？都读了什么书？

有一天，一个叫"杨本胜"的年轻人前来梓州，向李商隐讨教诗文。他知道李商隐已经很久没有见过孩子们，来梓州之前，特意先去看望了李衮师姐弟。李商隐得到孩子们的消息喜不自胜，特意为此写了一首诗，题为《杨本胜说于长安见小男阿衮》：

闻君来日下，见我最娇儿。
渐大啼应数，长贫学恐迟。
寄人龙种瘦，失母凤雏痴。
语罢休边角，青灯两鬓丝。

首联中的"日下"指京都，在封建社会经常把皇帝看作太阳，因此称皇帝所在的京都为"日下"。这两句直接交代写作的原因与背景：听说您从长安城来，来之前还见了我最疼爱的儿子衮师。颔联写出了父亲对儿子的急切挂念：衮师长大了吧？他应该懂得思念父亲、悼念亡母了，只是家里贫困，只怕他还没有开始学习。杨本胜将李商隐所关心的问题一一解答，李商隐听完后心生难过。算起来，他们李家与李唐皇室还是同宗，儿子和女儿也算是"龙种""凤雏"了，然而幼年丧母给他们造成了太大的伤害，他这个做父亲的如何不痛心呢？尾联更是道出了诗人的无限伤怀：听杨本胜说完孩子们的近况已经是深夜了，他对着那暗淡的一豆孤灯，心中有无限悲伤，鬓边的白发又添了许多。

　　李商隐对杨本胜的体贴非常感激，对他的求教也是知无不言、言无不尽。杨本胜希望能借阅一下李商隐的文稿，正好李商隐手头已经攒了好几百篇文章，前几年他在桂州出差时曾把一些文章整理结集，而这些新写的文章又能结一本集子了，于是一番筛选，他将这些文章整理成了第二本文集，即《樊南乙集》。大中七年（853年）十一月十日的夜里，李商隐为文集写了一篇序文：

　　余为桂林从事日，尝使南郡，舟中序所为《四六》，作二十编。明年正月，自南郡归，二月府贬，选为盩厔尉，与班县令、武公刘官人同见尹。尹即留假参军事，专章奏。属天子事边，康季荣首得七关，数月，李玭得秦州，月余，朱叔明又得长乐州，而益丞相亦寻取维州，联为章贺。时同僚有京兆韦观文、河南房鲁、乐安孙朴、京兆韦峤、天水赵璜、长乐冯颛、彭城刘允章，是数辈者，皆能文字，每著一篇，则取本去。是岁葬牛太尉，天下设祭者百数。他日尹言，吾太尉之薨，有杜司勋之志，与子之奠文，二事为不朽。十月，尚书范阳公以徐戎凶悍，节度阙判官，奏入幕。故事，军中移檄版刺，皆不关决记室，判官专掌之。其关记室者，记室假，故余亦参杂应用。明年府薨，选为博士，在国子监太学。始主事讲经，申诵古道，教太学生为文章。七月，尚书河东公守蜀东川，奏为记室。十月，得见吴郡张黯见代，改判上军。时公始陈兵新作教场，阅数军实。判官务检举条理，不暇笔砚。明年，记室请如京师，复摄其事。自桂林至是，所为已五六百篇，其间可取者，四百而已。

三年以来，丧失家道，平居忽忽不乐。始克意事佛，方愿打钟扫地，为清凉山行者。于文墨意绪阔略，为置大牛筐，涂擅破裂，不复条贯。十月，宏农杨本胜始来军中。本胜贤而文，尤乐收聚笺刺，因恳索其素所有。会前《四六》置京师不可取者，乃强联桂林至是所可取者，以时以类，亦为二十编，名之曰《四六乙》。此事非平生所尊尚，应求备，卒不足以为名，直欲以塞本胜多爱我之意，遂书其首。是夕大中七年十一月十日夜，火尽灯暗，前无鬼鸟，一如大中元年十月十二日夜时。书罢，永明不成寐。

这篇序文中，李商隐大致讲述了这几年的经历。三年前妻子去世，他"平居忽忽不乐"，失意难过中，他与佛教结缘。于是他"克意事佛"，只想做个打钟扫地的清凉山行者。

经历了太多的悲欢离合，红尘过往皆成云烟。只有在宁静的梵音里，他才能做回最真实的自己。

写完这篇序文时，和写完《樊南甲集序》时竟那么相似。此时油灯里的油已经烧干了，那一簇暗淡的火苗倏然灭掉，夜空里倾泻的月光与星光铺满衣襟。寂夜无眠，不知从何时起，他爱上了这夜里的宁静。只有在这个时候，他才能聆听自己的心跳，忘记世俗的嘈杂。恰如他在《西溪》诗中所写："天涯长病意，岑寂胜欢娱。"

愿打钟扫地,为清凉山行者

唐代佛教、道教盛行,李商隐从小就接触过佛教,只是那时候感触并不深,年少时曾上玉阳山修道,虽然道教中的诸多传说激发了他的无限遐想,但他并不相信血肉之躯可以羽化飞升。在经历了许多人世浮沉后,他对佛教又有了新的感悟。幕主柳仲郢一向笃信佛教,这也给李商隐带来了一定的影响。柳仲郢经常前往寺庙,李商隐也随同前去。在厚重的钟声里,在庄重的佛像下,在宁静的梵音中,他感受到了生命的原初面貌。

佛经教义,让遍体鳞伤的诗人找到了心灵的归宿。

梓州城北有一座寺庙,名曰"慧义寺",柳仲郢经常带着李商隐同去礼佛。慧义寺坐落在长平山上,山间草木葱茏,溪水潺湲,一早一晚还会有缭绕的烟霞,风景很是宜人。无论是寺庙本身,还是寺庙的周边环境,无一不是李商隐所向往的。寺庙里的僧人慈眉善目,有几位年纪已经很大了,其中一位俗家姓李的僧人,据说还是李唐皇族中人。

与僧人们聊天,总能让李商隐心情宁静,过往的种种苦痛皆如烟霞散去。

柳仲郢还专门为四位得道高僧在慧义寺的南禅院建了一座"四证堂",这四位高僧分别是益州静众寺无相大师、益州保唐寺无住大师、洪州开元寺道一大师以及虔州西堂寺智藏大师。

四证堂建好后,柳仲郢专门请人画了四位高僧的画像,撰写碑文的任务自然是落到李商隐肩上的。李商隐以他深厚的骈文功底写成了这篇碑铭,是为《唐梓州慧义精舍南禅院四证堂碑铭》:

圣敬文思和武光孝皇帝陛下在宥七年,尚书河东公作四证堂于梓州慧义精舍之南禅院,图益州静无相大师、保唐无住大师与洪州道一大师、西堂知藏大师四真形于屋壁。……

全文两千余字,洋洋洒洒,文采飞扬,可谓妙笔生花。

建造四证堂的资金皆是自筹,没有动用一分公款。柳仲郢笃信佛教,但并没有将这份信仰带到公务中去,这是非常难能可贵的。从魏晋时期,至五代十国时期,笃信佛教、道教的官员数不胜数,南唐李后主更是潜心礼佛,因为每天叩头礼佛,头上甚至生了瘤赘,官员之中,挪用公款去礼佛、修仙的更不必说。李商隐和柳仲郢一样,都是将佛教作为心灵的栖息之地。

佛经中的字句犹如清澈的泉水,将那颗曾经澄明的玉壶冰心再次洗得透亮。他仿佛找回了曾经年少的自己,只是现在的他多了一份豁达,少了一份轻狂。他决定手抄一部《妙法莲华经》，并将这部经书供奉在慧义寺。

与慧义寺的住持商量后，住持同意了他的请求。于是他开始虔诚地抄写经文，每一次抄写前都要沐浴更衣，然后伴着香炉中袅袅飘逸的轻烟一笔一画地书写。每至此时，他的心也慢慢沉静，就像湖水中的泥沙都沉到湖底一样，他的心也只剩下湖水的无限澄明。

经文抄好后，他还请柳仲郢来为这部手抄的经文写了一篇文章，即《妙法莲华经记》。在妻子王宴媄去世后，悼亡几乎成了他诗歌中的主旋律，信奉佛教后，禅学思想也渐渐在他的诗歌中流露出来。他写过一些寻访僧人的诗，也写过一些对禅学的感悟，如《北青萝》：

残阳西入崦，茅屋访孤僧。
落叶人何在，寒云路几层。
独敲初夜磬，闲倚一枝藤。
世界微尘里，吾宁爱与憎。

夕阳西下，诗人独自前往一间茅屋去寻访那里的独居僧人。此时落叶满地、寒云四起，一路上都在想：不知道僧人在不在茅舍？走过漫长的山路，他终于来到茅舍，得见老僧。入夜时，老僧虔诚地击磬焚香，之后与诗人秉烛长谈。老僧告诉他：大千世界渺若尘埃，芥子可纳须弥，红尘爱憎又算得什么呢？

是啊，一花一世界，一树一菩提。在禅学的洗涤中，李商隐觉得心中的明珠似乎尘尽光生，人世悲辛皆随风而去。

人生之不如意十之八九，或许那些坎坷的经历也是一种历练吧，他在禅学中获得了真正的宁静。身边越是嘈杂，他越是向往僧人的生活，就算后来回到繁华的京城，他时常也会渴望去山寺里清修，如《忆住一师》：

无事经年别远公，帝城钟晓忆西峰。
炉烟消尽寒灯晦，童子开门雪满松。

这首诗应该是后来回到长安城中时所写。他将住一禅师比作慧远禅师，虽然身居京城，但听见报晓的钟声还是会想到寺庙中的住一禅师。诗人想象着住一禅师在寒灯将灭的深夜冒着风雪从外面赶回寺中的场景，童子为他开门，青松上已经落满了厚厚一层雪花。

其实，笃信佛教只是一种自我疗伤的方法罢了，人生已经过去大半，而事业依旧萧然，曾经的雄心壮志大概永远都不能实现了吧。诗人只能在那静谧的梵音里寻求解脱，他心中经年累月的伤，又怎是佛经能够弥合的呢。

第十章

诗心不灭：翰墨传世，涅槃永生

重过圣女祠

生活一如既往,但李商隐的心情却平复了很多。信仰的力量不一定能改变外在的世界,但可以改变内心的世界,纵然凄风苦雨依然,但李商隐能够淡然地接受。身边嫉贤妒能、善于钻营的人依然在吵嚷着,但李商隐却一笑而过。归根结底,那些尔虞我诈、蝇营狗苟的事情能不能影响到自己,取决于自己的心态。

他和老朋友们通信,与他们诗文酬唱。

温庭筠可谓李商隐的知己,他们年龄相仿,遭遇也有些相似,同样的幼年丧父,同样的怀才不遇,同样的生活潦倒。在长安城时,两人就已经结下了深厚的友谊,李商隐到梓州后,他们一直保持着书信往来。温庭筠是能够读懂李商隐心中的哀伤的,因此李商隐也愿意向他诉苦,如这首《有怀在蒙飞卿》:

> 薄宦频移疾,当年久索居。
> 哀同庾开府,瘦极沈尚书。
> 城绿新阴远,江清返照虚。

所思惟翰墨，从古待双鱼。

他思念着老友温庭筠（字飞卿），不开心的事情也都一股脑儿地倾诉出来：我官位卑微，近来又总是生病。我心中的哀伤犹如庾信，身体瘦弱犹如沈约。郡城虽然风光不错，但距离我所住的地方太远了；巴江的水虽然清澈，可总是映照出我孤单落寞的身影。生活不如意，唯有老朋友的书信能给我慰藉，我一直期待着飞卿你寄信给我。

温庭筠和李商隐诗名满天下，人们称他们二人为"温李"，多少人以为他们的生活也如声名一样锦簇如花，事实上两人的生活都不如意，但两个不如意的人，却可以温暖彼此的心灵。

某一个平凡的日子，李商隐收到温庭筠的来信，惊喜之中打开来，忽然脸色大变，旋即痛哭失声。原来，他们的老朋友卢献卿去世了。伤心之下，李商隐给温庭筠写了一首诗寄去，题为《闻著明凶问哭寄飞卿》：

昔叹谗销骨，今伤泪满膺。
空余双玉剑，无复一壶冰。
江势翻银砾，天文露玉绳。
何因携庾信，同去哭徐陵。

诗题中的"著明"是卢献卿的字。李商隐知道卢献卿曾经遭受诽谤而受到排挤，而现在他溘然长逝，诗人只能泪洒衣襟。他与世长辞后空留下宝剑遗物，人间再也没有那样玉壶冰心一样高洁的人了。卢献卿死于江南,他能想象到长江水浊浪滔天的样子,而自己远在梓州,他们就像两颗星星一样彼此相望却不得见(玉绳即星名)。飞卿尚能到老友的墓前哭悼一番,而自己什么时候才能与飞卿同去哭悼呢?

  这些年来,李商隐经历了太多的生离死别,虽然他能努力说服自己去接受悲惨的现实,但是却说服不了自己不伤心。

  年岁渐长后,李商隐愈发敏感,即便是在与同僚们宴饮交游,也会有一些小小的细节触动他心中敏感的弦。越是万众同欢的日子,他的心里越是难过,虽然表面上他也和别人一样谈笑风生。他学会了隐忍,学会了以假面示人,只有在漫漫长夜里,他才会卸下厚厚的伪装,做回那个最真实的李义山。

  二月二是蜀地的重要节日,这一天很多人都外出郊游、踏青,李商隐也借着这个机会出去走了走。但见东风日暖,四处皆是喜悦的笙歌,刚发芽的嫩柳在春风中轻轻摇曳,紫色的蝴蝶与金色的蜜蜂昭示着春天的无限生机。然而这样的美景并不能抚平他心中的创伤,他想到了家乡,想到了家中许久未见的孩儿。江水冲洗着河岸,发出"哗——哗——"的声音,那声音听起来,竟像是风雨交加的夜里雨洗屋檐的声音。

  触景伤情后,李商隐写下了《二月二日》来记录自己的心境:

  二月二日江上行,东风日暖闻吹笙。

> 花须柳眼各无赖,紫蝶黄蜂俱有情。
> 万里忆归元亮井,三年从事亚夫营。
> 新滩莫悟游人意,更作风檐夜雨声。

身在梓州,李商隐无时无刻不在思念孩子们,虽然他们和弟弟李羲叟一家生活,但那也算是寄人篱下啊。刻骨的思念煎熬他的心,他忽然想起梅花,冬末春初时节,梅花开得正好,而现在到了春天,梅花却早已凋零。原来过早地开放,也意味着过早地凋零。他从十几岁时就经常听到别人的称赞,岂不正如早开的梅花一样?梅花早凋,而自己又何尝不是如此?原来考中进士之时,便是人生中最美好的时节,后来的人生皆是万般零落,如今居于梓州,犹如身飘天涯。感叹中,他写下了《忆梅》:

> 定定住天涯,依依向物华。
> 寒梅最堪恨,常作去年花。

日盼夜盼,李商隐在梓州生活了五年后,终于盼来了回京城的机会。

大中九年(855年),柳仲郢被征调为吏部侍郎,李商隐随他一道回京。

饯别宴上,大家把酒言欢。这一次宴会,李商隐是真的很开心,他脸上洋溢的笑容皆是发自内心的。在梓州五年,虽然有一些不愉快的小事,但和同僚们的相处大体上还算融洽,何况这次离别,再见便不知何年了。他还是怀恋这里的,毕竟在妻子去世后，柳仲郢给了他一个避风港，这里的生活使他伤口结痂，回望五年前那段凄凄惨惨的时光，他简直不知道自己是如何熬过来的。饯别宴后，李商隐写下了《梓州罢吟寄同舍》："不拣花朝与雪朝，五年从事霍嫖姚……"

　　回京的路上，他们途经多处名胜古迹，李商隐与柳仲郢志趣相投，两人一同游赏，很是愉快。其中有一个地方，最是令李商隐感慨万千，那便是曾经去过两次的圣女祠。

　　第一次到圣女祠，是自己刚刚进士及第，料理完家事后前往令狐幕府。那时他还不知道令狐楚即将不久于人世，在经过圣女祠时大有兴致地游赏了一番，还想象了一下神女的仙姿，并在诗中大胆地写道："寄问钗头双白燕，每朝珠馆几时归？"那时他还是个无知无畏的年轻人，对于混沌的凡尘俗世涉足不多。那时的他就像一泓清泉，澄明而天真。

　　第二次到圣女祠，是为令狐楚扶柩回京。那时他与令狐绹的关系开始出现裂痕，两人一路上大多时候都是沉默的，曾经无话不谈的挚友竟渐行渐远。令狐楚的去世给了他沉重一击，他在第二首《圣女祠》中写道："肠回楚国梦，心断汉宫巫。"而那时的他还不知道，人世坎壈，仅仅是开始。

　　前两次到圣女祠，李商隐才二十五岁，而这一次，他已经四十四岁。将近二十年的时光里，他经历了无数的人世浮沉，从一个翩翩如玉的青年长成了一个满面风尘的中年人。而那尊惟妙惟肖的圣女像却依然和十九年前一样，那么妩媚动人，那么超凡脱俗。只是旁边白色的岩石上长满了青苔，神像似乎也很久没有人来打扫了，玉面娇容已经蒙了尘。

　　无数过往在他脑海中呼啸而过，回过神来后，他写下了

《重过圣女祠》：

> 白石岩扉碧藓滋，上清沦谪得归迟。
> 一春梦雨常飘瓦，尽日灵风不满旗。
> 萼绿华来无定所，杜兰香去未移时。
> 玉郎会此通仙籍，忆向天阶问紫芝。

他叹息说：神女啊，你被贬谪的时间也太长了吧，十九年了，你竟然还没有回归天庭。

其实，李商隐眼中的神女便是自己的化身。他就像那尊蒙尘的神像一般，多年来颠沛流离，一直得不到重用，每天所面对的都是一些烦冗无聊的琐事。他心中匡扶社稷的宏伟抱负，从来不曾实现。

直到多年过去，他才发现，原来圣女祠那尊曼妙的神像早就在暗示他的命运。

夕阳无限好，只是近黄昏

经过一番跋涉，大中十年（856年）的春天，李商隐和柳仲郢一行回到了久违的长安。

第一件事就是飞奔到弟弟李羲叟家看孩子。孩子们长高了很多，看到父亲回来，也都非常高兴。兄弟相见，自是有说不完的话。在之后的几天里，他又分别去拜望了几位老朋友，一别五年，大家都各自有了不同的变化。有人官运亨通，也有人频频受挫。但无论大家过得怎样，一杯酒便将许多江湖夜雨都化作心头暖流了。

该拜访的朋友都拜访了一遍后，李商隐又陷入了孤独之中。妻子的去世，始终是他心中解不开的死结。心情压抑的时候，他会一个人到处走一走，希望能用世界的繁华冲淡心底的孤苦。

某一个黄昏，他一个人来到了京城郊外的乐游原。那是唐朝久负盛名的景区，也是登高的好去处。登上乐游原后，他看到斜斜欲坠的夕阳似乎格外漂亮，金红色的余晖将草地也涂成了一片金红。只是这美好太过短暂，夕阳落去后，便是无尽的黑夜。他想到了自己，甚至想到了大唐王朝。这宁静而短暂的黄昏,大概也象征着自己的人生吧。而近年来党争不断、朝局混乱的李唐王朝,只怕也是如此。思前想后,他写下了那首著名的《乐游原》(一为《登乐游原》):

向晚意不适,驱车登古原。
夕阳无限好,只是近黄昏。

千百年来,"夕阳无限好,只是近黄昏"被人们代代传唱,而这两句也正是李商隐和李唐王朝的谶语。

这年夏天,李商隐又去了洛阳的崇让宅。斯人已去,而宅邸依然,他思念着故去的妻子和岳丈,只觉满目萧然。一次酒醉后,他在崇让宅的东亭写下了《崇让宅东亭醉后沔然有作》:

曲岸风雷罢,东亭霁日凉。
新秋仍酒困,幽兴暂江乡。
摇落真何遽,交亲或未忘。
一帆彭蠡月,数雁塞门霜。
俗态虽多累,仙标发近狂。
声名佳句在,身世玉琴张。
万古山空碧,无人鬓免黄。
骅骝忧老大,鹦鹉妒芬芳。
密竹沈虚籁,孤莲泊晚香。
如何此幽胜,淹卧剧清漳。

248 | 世界藏微尘,流年殇锦瑟

除此外，他还写了《夜冷》《昨夜》《夜半》等诗，单从题目来看，便知是夜里无眠，《西亭》中还有"梧桐莫更翻清露，孤鹤从来不得眠"之句，更见他愁苦难眠。而连日的夜里失眠、以酒浇愁更是加剧了他身体的衰病，时年四十四岁的李商隐看上去非常苍老。

回到长安城后，他依然心境凄寒。暮秋时节，李商隐独游曲江，但见枯荷残叶，一片肃杀凄凉。与王宴媄成婚的那年盛夏，荷花开得正好。后来天人永隔，每每看到荷花，他总是情不自禁地想起她。只要活在这她曾来过的人世间，他对她的深情便不会有一点点消弭。大概是在这段时间里，李商隐写下了《暮秋独游曲江》：

荷叶生时春恨生，荷叶枯时秋恨成。
深知身在情长在，怅望江头江水声。

就在李商隐日日伤情之时，他忽然接到了新的委派。柳仲郢任职吏部侍郎后又改任兵部侍郎、充盐铁转运使，他一直记挂着李商隐，这次调动，正好能帮他提携一下。于是他奏请朝廷，让李商隐做他辖区的盐铁推官。

盐铁推官虽然职位不高，但是待遇还不错，只是又要离开长安去往遥远的江东（今苏州一带），李商隐有些犹豫。他希望能多陪陪孩子们，自己的身体也越来越差，不想再长途跋涉，但是柳仲郢的一番好意，他又不好推辞。思来想去，他还是决定前去赴任。

大中十年（856年）的冬天，李商隐又离开了长安。此时李商隐的身体已经很不好了，又一番长途跋涉后，他愈发羸弱多病。江东虽然风景宜人，但他无心赏景，刚刚到任，他就病倒了。

他想起了多年前父亲客死他乡的情景，那时母亲带着年幼的他和弟弟一路跋涉，历尽辛苦才回到家乡。如果说这一生就要这样潦草地结束，他宁愿死在故土，不想死在这异地他乡。现在已经不是顾念情谊的时候，他必须做出决断——辞去盐铁推官的职位，回到家乡故土。

柳仲郢也不好过多挽留，准允了李商隐的辞职请求。而后又是一番跋涉，不过这一次他不用赶时间，路上走得很慢。这一路上，他思考了很多问题，从科举入仕，到这些年的辗转漂泊，他收获了什么呢？多年来，他一直希望能为国家做些实事，这么多年过去了，那颗拳拳报国心依然炙热，可现实却落满了冰冷的尘埃。冬天到来时，在大雪纷飞的夜里，他一个人住在寂静的客栈，这种愁绪愈发强烈。《幽居冬暮》便是创作于这段时间：

羽翼摧残日，郊园寂寞时。
晓鸡惊树雪，寒鹜守冰池。
急景忽云暮，颓年浸已衰。
如何匡国分，不与夙心期。

纵然十年饮冰，也难凉热血。此时的李商隐已经衰病交加，虽然他依然未忘报国的初心，但是他全部的青春已经燃尽了，他只能念着昔日的报国梦，在这寒彻骨髓的季节里空叹壮志难酬、报国无门。

时间一点点咬噬着诗人的生命，他用最后的时光书写着心中的怅恨与遗憾。年少时多少豪情壮志都在岁月中渐渐干涸，只留下一片干涸的河床。他终究是不甘心的，国家辜负了他，时代辜负了他，而爱他的人却一一先他而去，时光在他心中沉淀了无尽的苦涩，他只能用诗来祭奠那些认真又荒唐的岁月。

此情可待成追忆，只是当时已惘然。

从江东北归的路上，李商隐又写了一些诗歌。江东有很多历史典故，尤其是南朝君主曾经偏安江东、不思进取，没有收复中原、统一天下的雄心壮志。李商隐想到历史上那些没有作为、贪图安逸享乐的软弱君王，便觉义愤填膺。他在诗中讽刺他们，其实更是对唐王朝统治者的批评，怀古讽今，是诗人们常见的抒怀方式，如这首《南朝》：

> 地险悠悠天险长，金陵王气应瑶光。
> 休夸此地分天下，只得徐妃半面妆。

在另一首《南朝》中，李商隐的讽刺意味更加鲜明：

> 玄武湖中玉漏催，鸡鸣埭口绣襦回。
> 谁言琼树朝朝见，不及金莲步步来。
> 敌国军营漂木柹，前朝神庙锁烟煤。
> 满宫学士皆颜色，江令当年只费才。

首联中"玉漏"指计时用的漏壶,"玉漏催"指时光流逝。天将亮时,晨鸡报晓,打扮艳丽的宫女纷至沓来,陈后主又开始了一天奢侈荒淫的生活。颔联"琼树"指陈后主曾作《玉树后庭花》,后来这支曲子被人们称作"亡国之音";"莲步"指南朝齐国的亡国之君萧宝卷曾经命人制作金莲花,让宠妃行走于莲花之上,名之曰"步步生莲花"。首联和颔联都是极写南朝君王的昏聩,颈联则是他们因昏聩而自酿的恶果:敌国军营漂来了营造大战船的木片,陈朝的三祖宗庙烟尘弥漫,最终国破家亡。尾联更为讽刺:陈朝宫中的妃嫔个个美若莲花,作为尚书令的江总当年描绘她们的美色也是费尽了才华,再没有精力去管理国家政务了。

也许是敏感地察觉到生命之灯即将熄灭,李商隐对国家的忧虑与日俱增。这段时间,他写下了许多怀古诗,名为怀古,实为讽今。除了两首《南朝》外,还有《咏史》《景阳井》《景阳宫井双桐》《隋宫》等。

从江东回来,抵达洛阳时已是正月,他再次住到崇让宅。崇让宅很大,但是仅有几间房子还住着王家人,其他房间都已经很久没人住过了,宅子里到处都是一片荒凉。园子里的石板路很久没有人走过,竟然已经长满了绿苔,到夜幕降临时,便有蝙蝠擦着帘子飞过去,老鼠窸窸窣窣地爬上窗台。听见那声音时,他甚至有一种错觉:会不会是妻子来看他了呢?然而当他定睛看时,只见蝙蝠和老鼠,不觉心中失落。他向来是不相信鬼神的,年少时修道,看到别人痴迷于白日飞升的传说,他总是一笑置之。而对她,他却多么希望能有鬼神存在,如果人死后可为鬼,那么他多么希望她能来寻他。

难过时，写诗是最好的遣怀方式。于是他写下了《正月崇让宅》：

> 密锁重关掩绿苔，廊深阁迥此徘徊。
> 先知风起月含晕，尚自露寒花未开。
> 蝙拂帘旌终展转，鼠翻窗网小惊猜。
> 背灯独共余香语，不觉犹歌起夜来。

房间里的摆设还是和妻子在世时一样，背灯独坐，他忽然觉得妻子似乎还在身边，不觉间便唱起歌来，也许多年以前妻子在世时，他也曾这样背灯而坐，为妻子唱歌。

在崇让宅小住了几日后，李商隐的身体愈发羸弱，病情越来越严重。也许是感知自己时日无多，他决定直接回郑州。那是他的故乡，很多李家族人都在那里，回去也能有个照应。

大约是在大中十二年（858年）的早春时节，四十六岁的李商隐踏着料峭春寒回到了久违的故乡。

他的心情始终是压抑低落的，多年前，他曾写下"永忆江湖归白发，欲回天地入扁舟"之句，彼时年少的他受人诽谤，他只希望能够做一番为国为民的大事业，在匡扶社稷后放下一切功名利禄归隐家乡。多年以后，当他终于回到故土，却不是在匡扶社稷之后，这一生的夙愿，终是无法实现了。

那首著名的《锦瑟》便是创作于这段时间，学者多认为这是李商隐的绝笔之作：

> 锦瑟无端五十弦，一弦一柱思华年。

庄生晓梦迷蝴蝶，望帝春心托杜鹃。
沧海月明珠有泪，蓝田日暖玉生烟。
此情可待成追忆？只是当时已惘然。

　　千百年来，关于这首诗的主题始终没有定论。有人认为这是悼亡之作，因为"锦瑟"意象在他悼念亡妻的诗中出现过，即《房中曲》中的"归来已不见，锦瑟长于人"，认为锦瑟应是妻子的遗物，李商隐睹物思人，为一生至爱的女子写下了这最后的千古绝唱；有人认为这是悼亡诗与政治诗的合体，"望帝春心托杜鹃"是以"望帝"比喻唐武宗，说唐武宗死后化为杜鹃鸟，昼夜啼血，眼看着自己花费心血的新政被废弃；还有人认为"锦瑟"是令狐楚家婢女的名字，李商隐早年在令狐楚幕府时曾爱恋过她，这是追忆旧情之作……

　　《锦瑟》诗难解，和他大量的《无题》诗之难解一样。

　　笔者认为，这首诗中的悼亡成分更多一些，是在怀念亡妻，也是为自己这一生的壮志难酬而自伤。这是诗人一生苦辣酸甜的结篇，是笑与泪的凝结，是美好理想与残酷现实碰撞后燃烧的烈焰，犹如流星划破长空，用最后的燃烧点亮万古长夜。那五十弦的锦瑟上，似乎还残留着她指尖的余温，一弦一柱，犹如自己将近五十年的坎廪人生。庄周梦见自己变成蝴蝶，醒来后不知是蝴蝶做梦变成了自己，还是自己化身为那只翩翩飞舞的蝴蝶，那么这漫长又短暂的一生，会不会也是大梦一场呢？又是春天了，子规鸟不停地叫着"不如归去"，可他已经身在家乡，心却依然没有栖息的地方，究竟何方才是归处呢？鲛人泣珠来回报曾经的恩人，美玉生烟，终究如理想的可望而不可即。多年前她在自己身边时，他还不知道这份情思将成为他永久的追忆，年少迷惘的他竟把赌书泼茶的美好看作寻常生活，直到经年回首，他才惊觉那些年的过往多么美好。

在写过这首诗后，李商隐在家乡孤独地离开了人世，年仅四十六岁。

从此，人世间的荣辱悲欢再与他无关，或许黄泉碧落，他还可以与心爱的人紧紧相拥。他曾说"深知身在情长在"，大概不会想到自己生命陨落后，那份情依然长在，且感动了无数后来人。

这坎廪多难的一生，这丰富锦簇的一生，这江湖落魄的一生，这成就斐然的一生。一生襟抱未曾开，这是他命途的不幸，却成了中国诗坛的幸事。义山不朽，千年岁月后，他的诗文依然触手生温。愿将一捧墨，书泪与君听：

少年白衣落星辰，万古尘牢锁天真。
仕途几多流离苦，人间不复自在身。
春蚕蜡炬惜黉夜，残雪枯荷叹血痕。
谁道韶光枉颠沛，千秋锦瑟尚余温。

后记一：千秋不灭，万古岿然

凄风苦雨人间路，一世血泪万年珠。

李义山的身上有很多人的影子，千百年来，他的诗歌被人们传唱，他的故事为人们津津乐道，或许，很多人都曾在他身上观照到了自己的灵魂。出身寒门，年少懵懂，不谙世事，那些青涩的时光里承载了多少苦辣酸甜。在浑浊的世界里走了一遭后，他终于成熟了，也试着去接纳那些世俗的规则。然而时代终究是辜负了他，终其一生，他的理想都被现实的泥沼禁锢着。

可他从未辜负时代，纵然朝政动荡、党派纷争，他还是将人间的几十年风雨，化作了万古流传的璀璨明珠。

那些字字珠玑的诗句，凝结着他毕生的心血。他从诗里来，又到诗里去，将一生坎壈都刻满诗意，于是苦难雕琢了岁月，枯骨开出了繁花。

中国传统文化中的儒释道精神在他身上得到了淋漓尽致的体现。他忠于君王、矢志报国，奈何壮志难酬，一生仕途毁于"牛李党争"；他在迷茫困顿时接受了佛教教义，在禅学思想中渐渐走出生活的阴霾；他早年学道玉阳山，道家的浪漫主义思想时常浮现于他的笔端，虽然他不够豁达，但他始终心如朗月，纵然身陷困顿，也从未放弃希望。

他爱国、爱家，爱身边的每一个人，对那些帮助过他的人总是心怀感恩，对那些诋毁他的人也会反唇相讥。他不是圣人，只是一个真实的、有血有肉的普通人，会为了心中所爱不顾一切，也会为了世俗规则不情愿地试着迎合。从年少懵懂到通晓世故，他经历了数不尽的风风雨雨。义山像极了现实中的我们——为了生活而奔波，背井离乡，对家人报喜不报忧，可美好的理想总是被锁入现实规则的樊笼。他羡慕那些出身高贵、可以不劳而获的人，但又不屑于做那样的人。他希望用自己的才华去征服世界，纵然伤痕累累，也未忘初心。

他值得我们热爱、敬仰，不仅仅是因为那些锦绣诗篇，更因为他骨子里永生不灭的执着与对生命至死不渝的信仰。

一千多年的时光倏然而过，荣辱悲欢皆随岁月化作袅袅云烟。曾经否定他、诋毁他的人早已身名俱灭，而李义山却依然像一座丰碑一样屹立在那段岁月里，任红尘中星移物换，君自万古岿然。

后记二：义山辞

一袭白衣，一叶轻舟
少年只身入长安，几多名士羡风流
喧嚣藏寂寞，眉目诉温柔
纸笔方寸，能否写下致君尧舜的誓死追求

题名金榜，洞房花烛
那年盛夏的荷花，未知岁月有寒秋
身在情长在，掌心生红豆
执子之手，能否踏破世俗的规则生死白头

一豆孤灯，一杯淡酒
堪叹尘牢锁青春，壮志至死终未酬
世界藏微尘，流年殇锦瑟
黄叶风雨，青楼管弦，皆作浩瀚江水任东流

巴山夜雨，归期未有
那年灞桥的大雪，原是践诺许白头

春蚕吐丝尽，蜡炬成灰后
秋阴不散，枯荷听雨，迢递相思皆作万古愁

把一万年岁月酿一杯酒
读懂你总是在经历了你的风雨之后
如果相思无益，不妨用惆怅清狂来守候
千年翰墨道不出你的清瘦
诗文黄卷里还残留着你眉宇间的温柔
当盛夏的荷花又开成锦绣
你是否还会一袭白衣，等候在时光的尽头